Sunny 文庫

194

好日子是怎麼來的

袁文先◎顧問

趙皖平◎主編

謝　衛◎編著

序言

弘揚偉大精神　創造美好未來

今年是中國共產黨成立一百周年。一百年來，中國共產黨一貫堅持把爲中國人民謀幸福、爲中華民族謀復興作爲初心使命，團結帶領中國人民爲創造自己的美好生活，進行了長期卓越而艱辛的奮鬥。

黨的十八大以來，在以習近平同志爲核心的黨中央領導下，中國組織實施了人類歷史上規模空前、力度最大、惠及人口最多的脫貧攻堅戰。黨和人民披荊斬棘、櫛風沐雨，發揚釘釘子精神，敢於啃硬骨頭，攻克了一個又一個貧中之貧、堅中之堅，脫貧攻堅取得了重大歷史性成就。經過八年持續努力，到二○二○年底，中國如期完成新時代脫貧攻堅目標任務，現行標準下九千八百九十九萬農村貧困人口全部脫貧，八百三十二個貧困縣全部摘帽，十二·八萬個貧困村全部出列。

二○二一年二月二十五日，習近平總書記在全國脫貧攻堅總結表彰大會上莊嚴宣告，脫貧攻堅戰取得了全面勝利，中國完成了消除絕對貧困的艱巨任務。

這是中國道路的偉大勝利！這是中國精神的偉大勝利！這是彪炳史冊的人間奇蹟！

中國廣大農村從此改變了面貌，中國農民從此過上了好日子，這個好日子究竟是怎麼來的？這既要讓中國人民知道，也要讓國際上許多國家和人民都知道，這是我們的責任，也是我們的義務。

脫貧攻堅取得的偉大成就，離不開全黨全社會的合力攻堅。中國

人民一道邁入小康社會的好日子，正是全體中國人民這樣一步一步奮鬥出來的！從「小康不小康，關鍵看老鄉」的民生關切，到脫貧攻堅「不獲全勝、決不收兵」的錚錚誓言，從貧窮到溫飽再到總體小康，為了人民的美好生活，無數黨員幹部群眾迎難而上、登高行遠，成為「全面建成小康社會，一個不能少」這一鏗鏘承諾的忠實履行者，湧現出黃文秀、李保國、張小娟等一大批脫貧攻堅模範，這些典型人物的動人故事，書寫出黨和政府奪取全面建成小康社會的壯麗篇章，彰顯了「上下同心、盡銳出戰、精準務實、開拓創新、攻堅克難、不負人民」的偉大脫貧攻堅精神。

《好日子是怎麼來的》著眼於我國脫貧攻堅戰中湧現的大量典型人物，重點講述基層扶貧幹部的典型事蹟和貧困地區人民群眾艱苦奮鬥的感人故事。以圖文並茂的形式、以小見大的視角，生動展現中國共產黨和中國政府帶領十四億中國人民擺脫貧困、全面建成小康社會這一人類發展奇蹟，向世界證明中國人民全面小康的生活是這樣得來的，為世界提供了中國模式和中國方案，有著重要的閱讀價值和外宣意義。

我作為本書的第一讀者，從中汲取到豐厚的精神營養，深刻領略到圖書內容的核心要義與思想價值。

一是有力地回答了「好日子是怎麼來的」這一命題。本書以弘揚主旋律、傳播正能量為主基調，以宣傳貫徹習近平新時代中國特色社會主義思想和十九大報告精神為主線，以謳歌黨和政府全面小康和脫貧攻堅的好政策、好舉措為導向，以傳揚中國人民無所畏懼、不屈不撓、敢於鬥爭、堅決戰勝前進道路上一切困難和挑戰的偉大精神為動能，通過立體展示中國脫貧攻堅取得的豐碩成果，如貧困地區落後面貌得到根本改變，脫貧群眾的精神風貌煥然一新，特殊困難群體生存發展權利得到有效保障，貧困地區基層治理能力顯著提升等，彰顯了中國特色社會主義制度集中力量辦大事的優勢，詮釋了中國共產黨以人民為中心的發展思想，體現了中國人民為實現夢想拼搏奮鬥、敢教日月換新天的意志品質，有力地回答了全面小康的好日子究竟是怎麼

來的。

　　二是凝聚了接續奮進「兩個一百年」的強大動力。打贏脫貧攻堅戰，創造了中國減貧史乃至人類減貧史上的奇蹟，爲全面建設社會主義現代化國家、實現第二個百年奮鬥目標奠定了堅實基礎。實施脫貧攻堅以來，廣大黨員、幹部以熱血赴使命、以行動踐諾言，用自己的辛勞換來貧困群眾的幸福，用實際行動踐行了爲人民犧牲一切的誓言；廣大貧困群眾自強不息、奮鬥脫貧，不僅成爲減貧的受益者，也成爲發展的貢獻者；各行各業關愛貧困群眾、關心減貧事業、投身脫貧行動，聚力攻堅克難……本書從全國脫貧攻堅模範和脫貧攻堅獎獲獎者中，選取了二十二位極具代表性的脫貧攻堅人物，覆蓋了脫貧主體、扶貧工作主體、社會幫扶主體等不同群體。這些典型人物的動人故事，集中反映了中國人民爲擺脫千百年的貧困帽子而不屈不撓、頑強拼搏、不怕犧牲、無私奉獻的偉大精神。這一精神力量將會成爲實現「兩個一百年」目標征途上的強大動力。

　　三是為世界呈現了可資借鑒的減貧治理的中國樣本。占世界人口近五分之一的中國全面消除絕對貧困，提前十年實現《聯合國2030年可持續發展議程》減貧目標，爲全球減貧事業發展和人類發展進步做出了重大貢獻。本書致力於讓世界尤其是發展中國家看到黨和政府在打贏脫貧攻堅戰、全面建成小康社會征途上的諸多充滿智慧、可資借鑒的減貧政策與實踐成果。「講好中國故事」是習近平總書記對外宣工作的要求，也是中外讀者最感興趣的方式。本書通過一個又一個眞實可感、生動具體、有溫度、有力度的故事，講清了中國共產黨始終堅守的初心使命和強大政治領導力、思想引領力、群眾組織力、社會號召力。借助本書的出版，減貧實踐中探索形成的中國特色減貧道路和中國特色反貧困理論，將幫助世界上更多的國家和人民擺脫貧困，從而爲構建沒有貧困、共同發展的人類命運共同體做出更大貢獻。

　　脫貧摘帽不是終點，而是新生活新奮鬥的起點。中國仍是世界上最大的發展中國家，持續鞏固拓展脫貧攻堅成果，做好同鄉村振興有效衔接，以更有力的舉措、彙聚更強大的力量全面推進鄉村振興，這

些仍然任重道遠。追夢圓夢，接續奮鬥，未來，中國將向著實現人的全面發展和全體人民共同富裕的更高目標繼續邁進。

最後，借助本書出版面世之際，致敬這個偉大的時代和爲人民幸福而奉獻、犧牲的偉大人物和精神！

中國扶貧開發協會會長

苗文光

2021年五月

CONTENTS

目　錄

1. 陳開枝：全國「扶貧狀元」

陳開枝皮膚黝黑，前額寬闊，頭髮稀疏，面容憨厚，說話風趣，乍一看，有點像行走在莊稼地裡單純樸實的農民大伯。打開他的人生履歷，才發現，原來他是廣州市備受愛戴的「平民市長」，是個性特別鮮明，敢作敢為敢擔當的廣州市政協原主席，更是「生命不息，慈善不止」的全國「扶貧狀元」。最亮眼的，是他曾經擔任過小平同志南方之行的首席接待官。

那是一九九二年的元旦，時任廣東省委副秘書長的陳開枝還在佛山南海下基層，省委書記謝非給他打來電話，告訴他：「我們盼望已久的那位老人家要來了，請你安排一下。」陳開枝心裡立刻明白，小平同志要來了。在陪同小平同志考察深圳、珠海的十一天時間裡，陳開枝用心記錄下了很多珍貴的歷史鏡頭。懷著對偉人無比的崇敬，陳開枝以對歷史高度負責的態度，撰寫了《1992鄧小平南方之行》，該書詳細記錄了小平同志這次意義非凡的南方之行，深入闡述了偉人此行對中國改革開放產生的深遠影響。陳開枝說，也就是在這次載入史冊的南方之行過程中，小平同志第一次向全國人民發出了「發展才是硬道理」的時代最強音……

這段經歷，對陳開枝而言意義極其重大，他說：「我與他老人家相遇相處的十一天，最大限度地再造了我自己。」「老人家留給了我一把做人的鑰匙。」

從此以後，陳開枝就將這把「鑰匙」的作用和功效發揮到了極致。

在隨後擔任廣州市委常委、常務副市長的任期內，陳開枝為廣州人民徹底治理好了「一山（白雲山）一水（珠江）一站（廣州火車

站）」，因此獲得「廣州人民的打工仔」和「平民市長」等美譽。一九九六年，當黨中央、國務院做出「東西結對幫扶」的決策部署時，陳開枝主動請纓，負責廣州對口百色的幫扶工作。

百色是鄧小平等老一輩無產階級革命家發動和領導革命武裝起義的地方，是革命老區，但直到一九九六年，這塊「紅色的土地」仍然是連片貧困地區，全市十二個縣，有十個是國家扶貧開發工作重點縣，兩個是廣西壯族自治區貧困縣。二十世紀九〇年代，百色隆林山區群眾走在崎嶇的山路上，當時的百色有近百萬人居住在深山，交通不便，山路崎嶇，全市八十萬人喝不上符合飲用標準的安全水，約六十萬人生活在極度貧困中，三‧六萬名兒童因貧失學。當時一位百色地委領導告訴陳開枝：百色的貧困有兩句話，一是住房「八面來風」（茅草房四處進風漏雨）；二是生活「三個不上」，不上學（沒錢讀書）、不上桌（沒有口糧）、不上床（沒被子蓋，就睡在火塘邊）。

二十世紀九〇年代，百色隆林山區群眾走在崎嶇的山路上。

盡快讓貧困地區脫貧致富，圓滿完成黨中央、國務院啟動部署的「八七」扶貧攻堅計畫，對於百色人來說，是一場實實在在的硬仗。對於喜歡接受挑戰的陳開枝來說，他雖然感覺自己身上的擔子很重，但也更加堅定了實施幫扶計畫以改變百色貧窮面貌的信心和決心。

由於自己是廣州市人民政府的常務副市長，工作實在繁忙，為了盡可能地多瞭解百色的具體情況，多掌握第一手材料，陳開枝給自己制訂了詳細

的工作計畫：每個星期五早上五點起床，七點的航班飛往南寧，一下飛機就直奔扶貧點。車上放點紅薯、玉米，餓了就吃一口，常常是下午兩點吃午飯，晚上九點吃晚飯，十點後開會研究工作。

　　一九九七年十一月的一天，陳開枝從早上五點多開始下村調研，一直奔忙到下午三點，早已十分疲憊，但他還堅持要再去一個村——田東縣隴窮村。在崎嶇的山路上，陳開枝走著走著突然暈倒了，隨行人員急忙救治，過了二十多分鐘他才慢慢蘇醒過來。時任地委書記的劉咸岳十分擔心陳開枝的身體，好心勸說道：「老兄，這山路，越往前越陡峭，越難爬，也越危險，咱還是往回走吧。」陳開枝卻笑著搖搖頭說：「當地群眾祖祖輩輩都這麼爬，我們爬一次有那麼危險嗎？走吧！」為了讓隨行人員放心，陳開枝隨手折了個樹枝當拐杖，然後繼續往前趕路。又經過了數小時的艱難跋涉，他們才終於到達了隴窮村。隨行人員事後回憶說，那一刻，陳開枝臉上的笑容像落日晚霞一樣燦爛。

　　時至今日，陳開枝還清楚地記得，一九九八年農曆正月初五，他到田東縣梅林村走訪，走進村民班連成家的茅草房，看到床上躺著兩個正在發熱的孩子之後，陳開枝關切地詢問班連成，孩子燒得如此嚴重，為什麼還不趕緊送醫治病？班連成急得貓爪撓心地說，家裡窮得連鍋都快揭不開了，哪裡還有錢給孩子看病啊。聽了這話，再看一看班連成家徒四壁的現狀，陳開枝心頭一顫，眼淚情不自禁地流了下來。他連忙將身上所有的錢都掏出來，隨行人員也紛紛解囊相助，共計湊了兩千七百元，陳開枝將這筆錢一把交到班連成手中，讓他趕緊帶著孩子去看病。

　　百色的貧困狀況讓陳開枝看得百感交集，也讓他更加堅定為百色扶貧攻堅的決心。

　　隨著考察調研的不斷深入，陳開枝和他的班子成員在廣泛聽取各方意見和建議的基礎之上，研究和實施了幫扶百色的幾條措施：一是搞好大石山區扶貧移民，把貧困群眾從沒有生存條件的地方搬出來；二是搞勞務輸出，安排幾十萬百色的農民工到珠江三角洲打工；三是

陳開枝（左一）到田東縣隴窮村調研

培訓幹部，把百色的基層幹部拉到廣州培訓，提高脫貧發展的能力；四是開展經貿協作，動員廣東五百多家企業到百色投資興業；五是開展智力扶貧，解決三萬六千多名失學兒童的讀書問題；六是發動社會幫扶，形成扶貧幫困的更大合力。正確的幫扶路子和廣大幹部群眾的苦幹、實幹、巧幹，加快了百色革命老區扶貧攻堅的進程，國家「八七」扶貧攻堅計畫目標於一九九八年提前兩年完成。與此同時，廣州先後幫扶百色建設了五個縣的六個移民開發區。

　　陳開枝身邊的工作人員在回顧六個移民開發區的建設過程時，滿懷深情地說：「六個移民開發區，就像六塊難啃的骨頭，爲了保質保

量完成開發區的建設，陳市長幾乎全身心都撲了上去。他常常不辭勞苦，既當指揮員，又當戰鬥員。由於工程建設太艱難、太複雜，僅田林縣六隆鎮那一個移民開發區，陳市長就先後二十八次到現場指揮協調，處理施工過程中出現的各種問題。有很多次他都是帶病堅持工作，但他每次來到施工現場，卻都用風趣幽默的俏皮話激勵大家……」

這就是下屬，同時也是廣大老百姓心目中的陳開枝，說話讓人聽起來感覺特別親切平實又極富感染力，能鼓舞人心，激發人的鬥志和幹勁。陳開枝第二十一次去百色之後，當時的廣東省委書記李長春同志讓陳開枝到全省扶貧工作會議上談體會。陳開枝的體會是，做好扶貧工作要做到「五要」：認識要高，感情要深，路子要對，措施要硬，作風要實。

踏遍百色的山山水水之後，陳開枝得出了這樣一個結論：搬遷扶貧、產業扶貧都是基礎扶貧，只有讓所有的孩子都能上得了學，讀得了書，才是阻斷貧困的關鍵。有鑑於此，陳開枝提出了「扶貧先扶智，扶智先扶教」的扶貧新理念。

一九九八年七月，陳開枝當選廣州市政協主席。百色的一些同志擔心他不會再去百色了，一是升了官，更沒有時間了；二是扶貧工作是政府職責。他卻告訴百色的同志，他不但會來，而且還會來得更勤。到政協履職的第二個月，他就帶著兩百五十萬元善款去了百色。他的想法是，他要充分用好政協這個平臺和他的社會影響力，去專攻扶智工作，改變百色教育水準落後的狀況。

也就是從這年開始到二〇〇五年，陳開枝發動海內外愛心人士捐資近三億元，為百色新建、改建了兩百四十二所中學、小學和幼稚園；發動全國政協委員、香港祈福集團彭磷基先生捐資近三千萬元，援建了一個達四千人規模的百色祈福高級中學；發動廣州市政協常委、企業家鄭杜成先生捐資近千萬元，專門培養邊境地區特少民族兩百五十一名孩子。有一次，臺灣商人王文洋先生到廣州要請陳開枝吃飯，陳開枝笑著說：「飯就不吃了，你給我打個包吧，移民開發區建

學校還差五十萬呢。」當王文洋先生向陳開枝投去疑惑不解的目光時，陳開枝趕緊解釋說：「我頭十次去百色時，每次都是流著眼淚離開的。知道為什麼嗎？因為我也是從農村出來的苦孩子，我的內心情感完全可以借用詩人艾青的詩句加以表達，那就是：『為什麼我的眼裡常含淚水，因為我對這土地愛得深沉。』所以，我就想力所能及地為百色的老百姓多做一點實事。」

王文洋先生聽完陳開枝的這番表述，一時感慨萬千，他二話不說，當即表示這五十萬元善款他捐了。

一九九八年陳開枝被評為全國「扶貧狀元」。二〇〇五年，六十五歲的陳開枝正式從領導崗位上退了下來。陳開枝有一個自己的「符號理論」。他說：「作為公務員，我退休了，我的工作職責可以打一個句號了。這個句號是圓的，還是扁的，要由人民群眾來評價。但作為一個共產黨員，為人民群眾服務，我的人生永遠不會打上句號，因此，對於我來說，在我的生命終止之前，永遠都只有逗號和分號。」

這一年的春節，他帶著剛剛募集來的一千八百萬元資金，再次來到了百色，這是他第五十次也是連續第九個春節來到百色。很多鄉親們問他，今後還會來百色嗎？他回答說：「我在職時來了百色五十次，我和百色人民結下了深厚的情誼，我永遠熱愛這塊紅土地。我以後還會來百色，只要健康地活到八十五歲，我一定再來五十次，一生來一百次百色，繼續當百色人民的打工仔。」

二〇〇五年四月，組織上安排陳開枝到中國扶貧基金會擔任副會長一職，他認為這是給了他一個參與扶貧工作更大的平臺。十多年來，陳開枝到過我國大部分的貧困地區和地震災區開展扶貧工作，從汶川、玉樹、雅安、魯甸等地震災區，到大興安嶺和內蒙古草原的貧困牧區，從雲貴高原到青藏高原，從玉龍雪山到大小涼山，從祁連山到六盤山，從太行山到大別山，很多地方都留下了陳開枝扶貧的足跡。但他心裡最牽掛、最放不下的還是百色。

為了在百色建立一個教育扶貧長效機制，二〇一〇年，陳開枝發

陳開枝（左二）代表中國扶貧基金會向百色市教育基金會捐款200萬元

陳開枝（中）與田東縣隴窮村受助學生合影留念

樂業至百色高速公路穿過鄉間

起成立了百色市教育基金會，選定小平同志領導百色起義的周年紀念日——每年的十二月十一日作爲慈善籌款日，他自己擔任基金會的名譽會長。據介紹，至二〇一九年底，基金會已累計籌款二‧六億多元，解決了四萬五千兩百多名貧困孩子上學難的問題。陳開枝自己每年也拿出一些退休金捐獻給基金會，已累計捐出三十三萬餘元。

長期教育扶貧的實踐經驗告訴陳開枝，邊遠山區的教師是否安心從教，是解決教學品質的根本問題，於是他和百色市教育基金會商量決定，設立獎教基金，專門獎勵邊遠山區的教師，讓他們切切實實感受到黨和政府尊師重教的決心和能力。

經過陳開枝和同仁十年來的不懈努力，目前百色已經從廣西原來的教育落後市，變成了教育先進市和教育強市。

二〇一二年十二月八日，習近平總書記到廣東視察，重走小平南方之行之路，他邀請當年陪小平南方之行的幾位老同志一起上深圳蓮花山，向小平同志的銅像敬獻花籃。那時候，習近平總書記拉著陳開枝的手說：「老秘書長，你爲改革開放做出了重大貢獻，退下來之後發揮餘熱，扶貧工作也卓有成效。」

這些年來，陳開枝陸續收到全國各地受到他幫助的學子與貧困群眾的來信達五千封之多，陳開枝不僅一一讀完這些來信，還抽時間給一些孩子回信，勉勵教導他們，雖然父母是不能選擇的，但自己的人生道路卻是可以選擇的，貧困不是罪過，不發奮拼搏才是罪過。很多孩子在陳開枝的鼓舞、鞭策和激勵之下，最終成了各行各業中的有用之才。百色凌雲縣的姚美辛便是其中的代表，她在陳開枝的資助之下完成了大學學業，隨後便響應國家號召，成爲一名大學生村官，並且表示要接過陳開枝的愛心接力棒，把陳開枝對扶貧工作、對貧困學子的愛心傳遞下去。

二〇一七年八月，陳開枝提前八年實現了一百次到百色的諾言。那次去百色時，陳開枝在老伴鄧妙珍的陪同下，來到了百色最邊遠的隆林、西林兩個縣調研。有人對他說：「您十三歲外出讀書工作，六十多年回老家也不到五十次，到百色扶貧二十一年您來了一百次，

而且您是一人扶貧、全家做義工。以後還會有一百零一次、一百零二次嗎?」不等陳開枝開口,身旁的鄧妙珍立刻替他做出了回答:「他已將扶貧當作神聖的事業,『生命不息,扶貧不止』是他的座右銘。」

二○一七年三月十八日,當陳開枝第一百零七次來到百色的時候,他在路上跌倒了,這是他第三次在百色跌倒。這一次,他的頭跌破了,縫了八針,頸椎也撕裂了,鑒於這種情況,醫生說要固定靜養三個月。可是省委、省政府馬上要組織召開老區蘇區工作會議,制訂加快老區蘇區發展的文件,會議還等著聽取他的意見和建議呢。怎麼辦?面對這種兩難選擇,陳開枝最終沒有聽從醫生的建議,而是繼續走上了他的扶貧調研之路。

陳開枝的行為深深感動了百色人。廣西凌雲縣文化館的黃蘭芬在她創作的《你的心牽掛著百色老區》的歌詞中這樣寫道:「你看那個廣州兄弟,腳下粘著百色黃泥,你的心牽掛著百色老區,無論你走到哪,都留下你深深的足跡。」

為了一個承諾,陳開枝堅持了二十五年,一百一十四次深入全國十八個連片貧困區之一的廣西百色。

為了一個夢想,陳開枝不為名不為利,多年深入研究並探索出一套讓貧困群眾真正脫貧致富的好辦法、好途徑。

為了一個事業,陳開枝不改初心,耄耋之年依然決定再出發。

2. 陳望慧：致富路上的「玫瑰花」

長久以來，玫瑰都是美麗和美好的象徵。

玫瑰的寓意廣泛而又深厚，其喻人、喻事、喻物、喻情的花語也是五彩繽紛；文人墨客筆下的精妙詩句，更是舉不勝舉，詩人楊萬里的「非關月季姓名同，不與薔薇譜牒通。接葉連枝千萬綠，一花兩色淺深紅」便是其中之一。

此外，玫瑰還是寶貴的中藥材，是一些化妝品不可或缺的添加劑，同時也可以用來製作成一道道美味佳餚。

本篇接下來要講述的，就是用玫瑰做出一份產業，然後帶領鄉親們走上共同致富之路的「鏗鏘玫瑰」，她是一位美麗的藏族女同胞，二〇一九年「全國脫貧攻堅獎奮進獎」的獲得者，她的名字叫陳望慧。

陳望慧家所在的達維鎮冒水村，位於四川省阿壩藏族羌族自治州小金縣的西北面，青藏高原的東部邊緣。離她家不遠的夾金山，就是當年中央紅軍長征中翻越的第一座大雪山。「長征萬里險，最憶夾金山」說的就是它的地勢險惡、氣候特別。這裡土地貧瘠，資源匱乏，是典型的高原山區，也是全國扶貧開發工作的重點地區。

二〇一〇年，冒水村換屆選舉。村裡的鄉親們都希望在外做生意的陳望慧回村競選村主任，陳望慧對此卻很猶豫。當村主任，影響生意不說，萬一當不好，豈不辜負了村裡人的信任和期望？抱著試試看的想法，陳望慧參加了競選，沒想到，她最終以90%的得票率成功當選，成為小金縣為數不多的女村幹部。

二〇一六年，陳望慧又擔任了村黨支部書記。時間重新回到她當上村主任那會兒。那時候，她的心裡整天都是沉甸甸的。她們家在她

陳望慧（左一）和村民一起採摘玫瑰花

的摸爬滾打之下，已經徹底脫貧了，過上了小康日子，然而村裡沒錢看病、沒錢送孩子上學的家庭還有很多。陳望慧想，鄉親們既然選自己當了這個村主任，自己就要負起這個責，就要動腦筋想辦法，盡快找到一條好路子，真正帶領大家都過上富起來的好日子。這既是回報鄉親們對自己的信任和期望，更是自己當村主任的一份責任。

「機會總是留給有準備的人。」

那段時間，村民經常找她，向她訴說野豬成患的煩惱。野豬被向上級森林公安反映過，他們也曾經採取過許多圍堵的辦法，但收效都不大。那天，送走前來訴苦的群眾，陳望慧獨自一人跑到被野豬糟蹋的莊稼地裡，望著眼前一片狼藉的景象，陳望慧真正感覺到了什麼叫心有餘而力不足。然而，不經意間，地邊兩株開得十分歡暢的嬌艷欲滴的玫瑰，突然映入了她的眼簾。她不由心念一動，隨之更是靈光一

閃：「地裡所有的莊稼都被啃得精光，獨獨這兩株玫瑰卻安然無恙，是不是因為玫瑰有刺，所以野豬不吃？假如我們用它來代替農作物的種植，會是什麼樣的光景？」

回到家裡，陳望慧立刻委託朋友上網查閱玫瑰的用途和價值，得到的答案是：玫瑰的用途相當廣泛，用玫瑰提煉出來的玫瑰精油被譽為「液體黃金」，甚至比黃金還貴。聽完朋友的回答，她激動地猛拍了一下桌子：「不用跟黃金比，只要比土豆、豌豆強就行！」

說幹就幹！次日一大早，陳望慧就自掏腰包隻身前往成都，因為暈車，她吐得一塌糊塗。但這一點困難對她來說，簡直就是毛毛雨，根本不在話下。離開成都，她又乘飛機抵達了蘭州。之後又先後趕赴河南、山東、陝西、湖北等八個省份進行實地考察，多方面瞭解玫瑰種植技術，與此同時，她還特意將各個玫瑰種植基地的玫瑰種苗買回來準備試種。

陳望慧就這樣一路奔波，瞭解市場、學技術、挑種苗……回到村裡，陳望慧立即組織召開村委會會議，會上她將自己的計畫設想以及這次外出考察的經驗體會，都一一做了詳細闡述。然而讓陳望慧沒有想到的是，對她提出的這個致富方案，村委會成員基本上都持否定態度。他們說玫瑰確實是個好東西，但它適不適合在我們這裡種植呢？大家的底子本來就差，萬一再在這上面栽跟頭，賠了錢不說，還誤了農時，這種損失，誰也擔不起啊。總之一句話，沒有人願意跟她一起幹。

冒水村到底適不適合種植玫瑰呢？

這時候，陳望慧不服輸的勁頭上來了。沒有人願意跟她一起幹，她就自己先帶頭幹。她首先對自己從八個省份帶回來的玫瑰品種進行反覆實驗比較，最終確定了一款適合高原生長的玫瑰種子進行試種。

從玫瑰種子下地，到它發芽、長出幼苗，再到長出枝葉，陳望慧幾乎天天盯著。對於玫瑰生長的每個環節和每個細微變化，她都不願輕易放過，都要仔細觀察，做到心中有數。她不怕困難，更不怕失敗。她怕的是，萬一真能把玫瑰做成產業，這機會卻從她手裡錯過

了，那才是她人生最大的悲哀。

「那時候我覺得我姐姐真是瘋了，放著自己飯店、酒店一年好幾十萬元收入的生意不管，每天盡想著那些不著邊際的事情，跟中了邪似的。」

弟弟陳望倫這樣描述當時的姐姐陳望慧。

「玫瑰姐姐」的稱呼，似乎也出現在這個時候。家人的不理解，村民們的冷嘲熱諷，絲毫沒有動搖陳望慧的信心和決心。

有道是功夫不負有心人。來年玫瑰花開的時候，陳望慧迅速帶著玫瑰花來到成都茶葉市場，向商家進行諮詢，結果得到了讓人振奮的回答：「從沒見過這麼好的玫瑰，你這花有多少我要多少！」

緊接著，陳望慧又帶著採摘的花瓣找到專家品鑑。專家對冒水村的玫瑰花品質很認可：花期長，油質好，香味濃。

得到專家的認可，陳望慧感覺自己吃了一顆定心丸。但她還不敢掉以輕心。她又先後邀請各地專家到小金縣進行實地考察，經過考察，專家們給出了肯定答覆：小金縣是世界上少有的幾個適合發展大馬士革玫瑰的地方。

專家的意見更加堅定了陳望慧發展玫瑰產業的決心。她當即引進了八個玫瑰品種，動員黨員和村幹部試種了五十畝。

緊接著，陳望慧又把採摘出來的玫瑰花瓣帶到甘肅蘭州，在那裡加工提純出了符合市場預期的合格的玫瑰精油產品。

就這樣，發展玫瑰種植的路子被野豬逼了出來。

就這樣，清多香玫瑰種植專業合作社在冒水村成立了。緊接著，夾金山清多香野生資源有限責任公司也應運而生了。這個公司所採用的是「合作社＋基地＋農戶＋市場」的運作模式，公司負責加工、銷售，合作社負責育苗、技術，村民只負責種植、管理。同時，為減少外運加工成本，陳望慧還貸款籌建了玫瑰精深加工廠，止式投產後，其開發生產出來的玫瑰茶、玫瑰精油、玫瑰酒等產品一投放市場，就大受歡迎，最後竟然遠銷國外，實現了增收致富的初步目標。

因為種植玫瑰，冒水村村民們的腰包慢慢鼓了起來，腰桿也慢慢

陳望慧（前左一）給村民介紹玫瑰產品的功效

挺了起來。

　　陳望慧這時候笑了。陳望慧本來就喜歡笑，微笑面對一切，本來就是她的生活元素和生活態度。但她這時候的笑容，卻顯得更從容，也更像盛開的玫瑰花一樣燦爛而又迷人。

　　想要夢想成真，就要敢想敢幹，當然也要腳踏實地，一步一個腳印。這是陳望慧這麼多年以來奮鬥的切身體會，也是她的經驗之談。

　　從二○一二年冒水村試種五十畝玫瑰開始，玫瑰花在冒水村開出了豐收的果實。隨著「玫瑰書記」這個稱號的傳播，從最初的冒水村到後來的夾金村、共和村、膽紮村、石鼓村、簡槽村等村寨，一朵朵「脫貧玫瑰」很快在大山深處競相綻放，歷經四年時間之後，又在整

個小金縣全面開放起來，玫瑰產業撐起了無數人的小康夢。隨著全縣十三個鄉鎮四十一個村的三千三百多戶（其中包括一千一百戶貧困戶和八十八戶「殘疾人家庭」）村民種植玫瑰一萬三千兩百畝，小金縣於二〇一九年四月一舉摘掉了貧困縣的帽子。

人們常說：「人生格局決定人生高度。」陳望慧當初被野豬逼出發展玫瑰種植的路子，其初心只是想帶領冒水村的鄉親們，走上一條脫貧致富之路，然而隨著她的清多香玫瑰種植專業合作社發展成後來的夾金山清多香野生資源有限責任公司，陳望慧的視野變大了，她的人生格局隨之相應變大了，她的人生高度也就理所當然地變得更高了。

二〇一七年，陳望慧賣掉城裡的房子和商鋪，拿出所有積蓄，最終籌資三千多萬元，建成了四千多平方米的玫瑰精深加工廠房，實現了玫瑰精油、玫瑰露、玫瑰花茶等產品就地加工的產業目標。在此基礎之上，陳望慧還探索出一條將基礎種植與商業產品生產研發相結

陳望慧在玫瑰精深加工車間

合，能夠持續、穩定增收致富的新路子，進而形成一條自主加工玫瑰花蕾，生產玫瑰精油、玫瑰醋飲和玫瑰露酒等產品的比較完整的產業鏈條。

陳望慧下一步的目標是，第一，盡快建成小金縣萬畝玫瑰產業園；第二，進一步拓寬思路，與有關高校和企業聯手，盡快走上「產學研」一體化的發展道路，同時加快網絡經濟發展步伐，利用互聯網進一步拓寬銷路，讓村裡、縣裡的玫瑰產業更上一層樓，吸引更多在外打工的年輕人回家鄉創業；第三，冒水村距離四姑娘山景區三十多公里，憑藉區位優勢，在加快建設高原玫瑰生態園的同時，發動和鼓勵群眾興建農家樂，搞玫瑰花特色觀光旅遊，讓村民吃上「旅遊飯」，真正讓一朵玫瑰花催生出玫瑰產業、鄉村旅遊，並讓這兩個產業成為實現群眾增收致富的雙引擎……

更為重要的是，陳望慧進一步向人們介紹說，這個高原玫瑰生態園建成之後，當越來越多的遊客漫步在小金縣起伏的山巒之間，他們不僅能夠身臨其境地感受和體會當年紅軍長征翻越第一座大雪山時的那種艱難困苦，增強克服困難挫折的勇氣和信心，還能夠充分領略到藏、羌、回、漢多姿多彩的民族風情，欣賞到群山雪嶺的壯麗景觀，更能嗅到空氣中飄散瀰漫著的玫瑰芬芳，看到玫瑰種植戶臉上洋溢著的那種玫瑰花般絢麗燦爛的笑容。

3. 鄧迎香：當代女愚公

　　她叫鄧迎香，她原本只是生活在貴州大山深處的一名普普通通的農家女。誠實、善良、堅毅、有主見，準了的事百折不撓是她的底色，更是她一步步成長為村計生員、村主任、村黨支部書記，最後成為黨的十九大代表的基礎和前提。

　　一九九一年，因為兩情相悅，鄧迎香不顧父母的強烈反對，離開自己生活了十九年的羅甸縣董當鄉，嫁到了七八公里之外的董架鄉麻懷村翁井組，與一個名叫袁端林的小夥子喜結連理。然而這個麻懷村，地處麻山腹地，四周環山，是一個真正的山窩窩，沒有一條出山的通道，吃的是玉米，點的是煤油燈，是名副其實的窮鄉僻壤，而袁端林的家更是窮得叮噹響。

　　新婚之夜，望著腳底磨出的一個個水泡，望著窗外黑魑魑連綿不絕的大山，她當時就有點後悔了。相比娘家，吃的是米飯，點的是電燈，這分明就是「米籮跳進糠籮」啊。但她很快又陷入了深深的自責之中，袁端林是她自己相中的男人，她喜歡他，就要一心一意地跟這個男人把日子好好過下去。

　　那時候，她的想法很簡單，只要夫妻二人齊心協力，不怕吃苦，不怕辛勞，將來就一定能夠過上好日子。他們種菜養豬，起早貪黑……可是，當她背上沉甸甸的瓜果蔬菜，一路上坡下坡，翻埡口、攀懸崖、扶峭壁地翻越大麻山，累得半死不說，等到她緊趕慢趕急匆匆趕到董架鄉集市，原本新鮮水嫩的蔬菜，卻早已經改變了成色，有的甚至變得稀爛，根本無人問津。

　　一九九三年，鄧迎香的第一個孩子出生了，這個小生命的降生，給全家人帶來了無盡的歡樂和喜悅。這是新生命，新氣象，也是夫妻

倆未來的寄託和希望，他們自然心肝寶貝地疼愛孩子，連上坡幹活都背著他，捨不得交給別人照看。

然而這份喜悅僅僅持續了三個月，厄運就降臨到了他們身上。那天夜裡，孩子突然高燒不退，情況十分危險，儘管當時已經深更半夜，她和丈夫卻顧不得多想，背起孩子，打著手電筒，就一路上坡下坡，翻坳口、攀懸崖、扶峭壁，深一腳淺一腳地瘋一樣往董架鄉衛生院跑。然而，眼看著鄉衛生院已經近在咫尺，孩子卻在鄧迎香的背上永遠地睡著了。

那一刻，鄧迎香緊緊抱著孩子那漸漸冷卻冰涼的身體，竟然一聲都哭不出來，她的心裡太痛太痛，她的牙齒都要咬碎了，她恨這大山，恨這崎嶇沒有盡頭的山路，她更恨不得把這個大山一頭撞出一個通往外面的大洞。

一九九八年的農曆十一月，上級政府準備對麻懷村實施農村輸電工程，但由於變壓器、電線杆運不進來，工程被迫擱淺。也就是在這時候，村民意外地在山腰處發現了一個深約四十米的溶洞口，洞口正好連著麻懷村。這一意外發現，讓鄧迎香立刻萌生了看看能不能通過溶洞打一條隧洞的想法。她的這個想法很快獲得村兩委的充分認可和許多村民的積極支持，大家一致決定鑿通這條阻礙麻懷村順利走出大麻山的隧洞。

說幹就幹，鄧迎香與二十七戶村民集資一千三百五十元購買蠟燭、煤油燈等工具，率先加入了鑿隧洞的隊伍，他們扛著鋤頭、拿著鋼釺、提著撮箕，開始挖洞。溶洞狹窄，鄧迎香和村民們只能跪著甚至趴著，一鎬一鎬地鑿岩石。鑿一陣子，村民們再緊挨著盤坐在地，從內向外用雙手把鑿下的岩石、泥塊手遞手一點一點往外運。

這哪裡是在挖洞，分明就是在螞蟻啃骨頭啊。

就這樣一點一點地慢慢「啃」啊「啃」，一天下來，鄧迎香和其他村民們早已累得直不起腰，走不動路，晚上回家連吃晚飯的力氣都沒有了。但儘管如此，他們第二天還得接著繼續往下「啃」。如此日復一日，有的村民感覺有點吃不消，有點「啃」不動了，想休息休息

了，鄧迎香這時候就趕緊一邊擦汗一邊耐心勸說起來：「想想咱麻懷村祖祖輩輩過的都是什麼苦日子，咱們就沒有理由不加油幹啊。」

鄧迎香的這番話正中村民們的要害，他們和鄧迎香一樣，心裡原本都憋著一股勁，自然也都非常清楚，他們此刻哪怕多「啃」出一塊石一塊土，也等於多「啃」出一點讓大山變通途的希望啊。

鄧迎香豁出去了，村民們自然也都跟著豁出去了。

二○○○年三月三日凌晨二時許，隧洞終於被打通了。鄧迎香和六十多名村民高興得手舞足蹈。村裡的許多老人在家裡人的攙扶下來到隧洞口，他們一邊用衣襟擦著熱淚，一邊連連向鄧迎香豎起了大拇指。

儘管這是個又矮又窄、坑窪不平、彎著腰才能勉強走過去的隧洞，卻在縮短麻懷村與山外的距離方面起到了立竿見影的效果。

受此影響和鼓舞，鄧迎香的腦海裡很快又隱隱約約地萌生了一個更大膽的想法……然而，當她有一天終於鼓起勇氣，把自己的想法告訴丈夫袁端林之後，袁端林卻把他的頭搖得跟撥浪鼓一樣。在他看來，鄧迎香提出要把那麼長的一條隧洞修成一條能開汽車的路的想法，簡直就是做夢說胡話，所以他的回答很明確：「這是不可能的。」鄧迎香心裡雖然也清楚這是不可能的，但她從此卻像著了魔似的，心裡想的，嘴上說的，基本上都跟這個夢想有關。

也就是在這種情況之下，袁端林不得不做出了外出打工的決定。鄧迎香雖然對此心有不甘，但在袁端林苦口婆心的反復勸說下，也只得帶著她的那個朦朦朧朧的夢想，跟著丈夫穿過那個隧洞，一起走出麻懷村，走上了到城裡打工的道路。到了城裡，丈夫打工每個月掙的錢，加上鄧迎香零打碎敲掙來的錢，足以維持一家四口人的生活。正當她感覺苦盡甘來時，第二年丈夫卻因意外去逝了。

翻過心上的坎，才敢攀登腳下的山；跨過心裡的溝，才能逾越眼前的河。內心變得強大能讓你遇見一個更優秀的自己，還能幫你凝聚戰勝困難的勇氣和力量。雖然最終鄧迎香帶著失去丈夫之痛，重新回到了麻懷村，但她在外這幾年，增長了見識，開闊了眼界，她的思想

境界更是獲得了質的飛躍。

　　二〇〇七年，鄧迎香與早年喪妻的村民李德龍重新組建了家庭。

　　轉眼間就來到了二〇一〇年國慶日，這一天，李德龍與前妻的二女兒出嫁。尚未完工的隧洞是出嫁必經之路。那天女兒身著一襲白色婚紗，由於前一天剛下了雨，洞裡淌著齊膝深的水，她不得不脫下皮鞋換上拖鞋，雙手抓起婚紗，在洞裡跟蹌前行。從洞裡出來，一對新人幾乎成了泥人。

　　那一晚，鄧迎香輾轉反側，女兒女婿的狼狽相刺痛著她的神經，多年來這條路帶來的辛酸苦痛一幕幕湧上心頭，當年那個夢想，更是滾雪球一般越滾越大。她突然翻身坐起來，對李德龍說：「我要把洞鑿高、鑿寬，鑿成通汽車的隧道。」

　　李德龍嚇了一跳：「你瘋啦？大家早都挖累了，挖煩了，人能過就不錯了，通什麼車，再說哪家能買得起車啊？」

　　鄧迎香還真的就是瘋了，天一亮，她就挨家挨戶去做工作。可是大家聽了都搖頭：「你在睜著眼睛說夢話呢？」

　　沒人理她，她就自己幹！

　　鄧迎香鑽進洞裡，掄起鐵錘，一錘錘地鑿。一天下來，雙手全是血泡。丈夫嘴上罵：「你這個不知天高地厚的瘋女人！腦殼進水了吧？」心裡卻擔心著她，時常到洞裡察看情況。幾天看下來，李德龍的眼眶濕潤了，他也不由自主地跟著一起「瘋」了起來，鑿洞的身影增加到兩個。

　　然而，兩個人的能力終究有限，李德龍想來想去，最後不得不對她說：「咱倆鑿到死也鑿不出路來，還是動員大家一起幹吧。」

　　為了動員大家一起修通這條希望之路，鄧迎香召集村民們開了無數次會。

　　第一次開會，來了五十個人，鄧迎香開門見山：「咱們麻懷人為什麼世世代代受窮？不就是大山擋住了咱們的出路嗎？」她緊接著又給大家算帳：「通了路，車子就能進村，咱們的新鮮蔬菜瓜果都能多賣不少錢。建房子時材料給送到家門口，既方便又便宜。」

話是這個話，理也是這個理，可就憑你的這種幹法，要幹到猴年馬月呀？別做夢了，還是等等再說吧。第一次開會，很多村民並不買帳。

第二次開會，一些原先同意的村民突然又反悔了，還是沒結果。

第三次開會，鄧迎香說：「一等二靠三落空，一說二幹三成功。好日子不是等出來的，而是幹出來的。愚公能移山，我就不信咱們修不成這條路。」

第四、第五次會議後，終於所有人都同意了。

原來的土辦法效率太低，這次他們要用機械。可是，錢呢？設備呢？建築材料呢？鄧迎香找到鄉里，跟著鄉幹部又找到縣裡。縣財政局批了三萬塊錢。她又四處求援，並從自家拿出一萬塊錢，然後去買來一輛舊拖拉機，租了空氣壓縮機，買了炸藥，還買了其他建築材料。

那天，村裡舉行了開工儀式。鄧迎香飽含深情地對鄉親們說：「大山把咱們世世代代困在這裡受窮受罪受苦，今天我鄧迎香發誓，就是用手挖、用牙啃也要帶著大家修出一條路來！」

在熱烈的鞭炮聲中，鄧迎香和丈夫一人帶一隊，從兩頭同時開工，工地上熱火朝天。

消息越傳越廣，越來越多的力量加入了這個隊伍：縣政府和縣民宗局、民政局、城建局、殘聯、職校都給他們資金幫助，財政局、林業局、水利局還送來了水泥。鄧迎香的女婿也捐了一萬元。五個在縣城開貨車的村民趕回來無償拉渣土……

二〇一一年八月十六日，經過兩百七十天的艱苦奮戰，一條長兩百一十六米、高五至八米、寬四米的隧道終於建成了！麻懷村開進了有史以來的第一輛汽車！鄧迎香在隧道裡走過來、走過去，眼淚模糊了雙眼。她終於兌現了自己的承諾！

這條隧道是麻懷村的致富路、希望路。

這條隧道的修通，解決了麻懷村以及鄰近田壩、甲哨等村六千多名群眾的行路難問題，鄧迎香也因此被人們譽為「當代女愚公」。

穿越麻懷隧道的鄧迎香

　　二○一四年一月，鄧迎香當選為麻懷村村主任，並獲得「全國三八紅旗手」等一系列的榮譽稱號，在接踵而至的榮譽面前，鄧迎香沒有自滿，而是把它們當成了實現自己新夢想的起點和動力。

　　這個新夢想就是帶領全村走上脫貧增收的致富之路，這也是鄧迎香給自己設定的又一個圓夢行動。用她的話說就是：「一碗水只能夠我一個人喝，一桶水只能夠我一家人喝，如果造出一口井，就夠我們全村人喝。」

　　在鄧迎香的帶領下，麻懷村面貌已今非昔比。農民人均純收入從二○○九年的一千五百元，提升到二○一五年的八千一百二十元，不少村民開上了轎車，80%以上的村民住上了新房，村裡有了文化活動場所，尊老愛幼蔚然成風，人們的精神面貌煥然一新。

　　然而這些成績對於鄧迎香來說，還只是萬里長征邁出的第一步。

鄧迎香（中）在給農民培訓食用菌生產技術

她在新的圓夢行動中，又為麻懷村描繪了新的藍圖，她首先在村裡發起成立了草根助學基金會，協調社會力量對村裡貧困學生進行資助。「要讓孩子們不受窮、不受苦，還得靠多讀書。」這是她的宗旨，也是她的指導思想。緊接著她又拿出手頭積蓄，同時鼓勵村裡幾個先富起來的能人跟她一起，辦起了麻懷村第一個以養殖肉牛、綠殼蛋雞，種植中藥材、果樹等產業發展的專業合作社。隨著產業規模的不斷擴大，她動員村民將土地流轉，開展規模經營，參與群眾不僅能拿土地流轉金，到合作社務工掙錢，年底還能參與分紅，全村群眾的積極性都被調動了起來，村民的收入至少翻了一番。

二〇一六年十月，鄧迎香當選為麻懷村黨支部書記。過年時，她強調了從打工經濟向內生造血轉變的重要性，並向大家亮出了她的家底，也就是村裡準備實施和已經開始實施的山上栽果樹、田裡種稻

茱、家裡養黑豬鵪鶉等六項工程，另外還有一個重頭戲，就是利用綠水青山帶動村民發展鄉村旅遊項目。

在鄧迎香書記的願景規劃面前，以袁端生爲首的一些已經具備一定經濟能力的青年，當即表示願意回來跟她一起走共同致富的康莊大道。

二〇一六年，鄧迎香獲得「全國脫貧攻堅獎奮進獎」稱號。

二〇一七年十二月，鄧迎香當選「『感動中國二〇一七年度人物』候選人物」。

二〇二〇年，中央電視臺《承諾》系列紀錄片攝製組走進羅甸縣麻懷村，就黨的十九大代表、麻懷村黨支部書記鄧迎香帶領群眾發展產業、奮力脫貧攻堅的故事進行了專題拍攝。

借用貴州省委書記陳敏爾的話說：「脫貧攻堅最需要的就是現代女愚公鄧迎香那種堅定不移、百折不撓的精神。」

鄧迎香在鵪鶉養殖場

4. 黃大發：「絕壁天河」大發渠

　　貴州山多，貴州的貧困地區大部分都集中在山區。黃大發所在的遵義市播州區平正仡佬族鄉草王壩村，就地處海拔一千兩百五十米的大婁山之中。這裡石漠化現象嚴重，山高岩陡，雨水一落地就順著空洞和石頭縫流走了。

　　因而，草王壩的水比油貴。無論灌溉還是人畜飲水，都無比困難。村裡有一口望天井，然而如果想要從這口望天井裡取水，就必須不分晝夜地排隊，接一挑水需要等一個多小時，再有就是下山到那個山谷小河裡去挑水，但上下一趟就得四個多小時。

　　因為沒有水，地裡種的幾乎都是包穀、紅苕和洋芋，村裡人只能將玉米碾碎之後上鍋蒸煮，一日三餐基本上都是這包沙飯。

　　所以千百年來，草王壩人祖祖輩輩吟唱著這樣一些心酸的民謠：

　　「山高石頭多，出門就爬坡，一年四季包沙飯，過年才有米湯喝。」

　　「好個草王壩，就是乾燒（乾旱）大，姑娘個個往外嫁，四十歲以上的單身漢一大把。」

　　諸如此類讓人聽著心酸的民謠，總結起來就一個字：窮。

　　想要改變這個「窮」字，就必須有水。

　　水是草王壩的命脈。

　　然而這個水又從哪兒來？

　　這個問題始終困擾著世世代代的草王壩人。

　　直到一九五九年，剛剛擔任草王壩大隊大隊長不久的黃大發發現了水源。

　　距離草王壩幾公里之外的螺螄河有水，而且常年水量豐沛。只要

從中間開挖一條水渠，將螺螄河的水引到草王壩，草王壩人就可以將這個窮字去掉了。

可是開挖這樣一條水渠，要繞三重大山，要過三道絕壁，要穿三道險崖，如果能夠開挖成功，簡直堪比在懸崖絕壁之上開出一條天河。

十三歲成了孤兒的黃大發，是吃百家飯長大的。黃大發只跟著私塾先生念過幾天《三字經》，幾乎目不識丁。因為不怕吃苦，十幾歲時就在大冬天打著赤腳給村裡站崗放哨，還因為勤勞能幹，肯動腦子，善於接受新事物又能說會道，所以成了上級培養對象，入了黨，當了村幹部。當他提出要在草王壩與螺螄河中間開挖一條引水渠的想法之後，上級部門在「紅旗渠精神」的鼓舞感召之下，立即牽頭組織草王壩大隊、健康大隊、勝利大隊共同開挖這條引水渠，並將這條準備開挖的引水渠命名為「紅旗大溝」，由黃大發任指揮長。

上級的這個決定傳達下來之後，最歡欣鼓舞的自然是飽受缺水之苦的草王壩人。他們打從心底裡覺得，還是共產黨好，共產黨最瞭解、最關心人民群眾的疾苦。那時候，人人興高采烈，個個摩拳擦掌。

就這樣，一群面朝黃土背朝天的純樸的莊稼漢，在黃大發的帶領下放下鋤頭，離開了貧瘠的土地，舉起錘子和鋼釬，踏上了懸崖和峭壁。

他們開始鑿渠，當舉起的錘子、鋼釬與堅硬的岩石發出叮叮噹噹的碰撞聲時，他們竟一點都不覺得刺耳，相反卻感覺這種聲音簡直像音樂般美妙動聽。

他們缺水，他們要水，他們心裡都清楚，要想早日脫貧，就必須一錘一錘地敲，一釬一釬地鑿，一鍬一鍬地挖，直到將這條水渠挖出來，直到祖祖輩輩的夢想變成現實。

可是，現實永遠比夢想殘酷。

就這樣修修補補十幾年，想盡辦法，螺螄河的水就是進不了草王壩。最後，由於缺乏資金、技術和勞動力，草王壩人的夢想還是破滅

了。

十幾年的努力付諸東流，草王壩人灰心喪氣。

原來高度凝聚的人心也都跟著散了。

只有黃大發始終不服氣，更不放棄。

但他之後所做的一切努力，卻再也沒有得到村民們的任何回應。

一九七六年，遵義縣水利局的年輕幹部黃著文到草王壩調研，那天晚上借宿黃大發家的經歷，讓黃著文刻骨銘心。

那一夜，黃大發與黃著文促膝長談，通過心與心的交流和溝通，他們彼此之間增進了瞭解，也加深了友情。那一夜，他們談得最多的話題，還是關於修挖水渠的事情。黃大發對黃著文敞開心扉：「作為一名共產黨員，為黨分憂，為民造福，把這條水渠修好挖通，是我這輩子最大的心願。」

時間在黃大發的一次次努力、一次次夢想落空的來來回回的拉鋸之中，慢慢進入一九九〇年，這一年草王壩遇上了前所未有的大旱。一百多天滴雨未下，土地開裂，幾乎顆粒無收。

村民們紛紛哀歎：「實在撐不下去了。」

「沒糧食沒水，連包沙飯都快吃不上了啊。」

「老天爺這是要把咱們往死路上逼了啊。」

……難道草王壩人只能安於宿命，只能祖祖輩輩受窮？

黃大發手一揮，腳一跺，心一橫：「修渠，一定要把這條水渠修出來！」

在那個天寒地凍的臘月天，黃大發整整走了兩天山路，趕到了遵義縣城，敲開了已經當上縣水利局副局長的黃著文的家門。乍見之下，黃著文簡直不敢相信自己的眼睛。站在他眼前的人，凍得臉色鐵青，腳下穿的那雙解放鞋已經磨破，上面沾滿了泥漿，偏偏幾根凍得發紫的腳趾頭還露在外面，身上穿的衣褲本來就顯單薄，偏偏上面還結滿了冰霜。這還是那個十幾年沒見過面的黃大發嗎？

還未落座，黃大發就說明來意：「草王壩大旱三個多月，地裡顆粒無收……」黃大發這邊說著，那邊連忙從他破爛不堪的挎包中掏出

一份修水渠立項申請報告。

看到這一幕，黃著文又心酸又心疼，沉默了許久，才開口道：「老黃啊老黃，修水渠重要，你的身體也重要啊！」

緊接著，黃著文給黃大發分析具體情況，縣財政非常困難，一年的水利資金不過二十萬元。根據黃大發的立項申請和縣水利局的初步測算，從螺螄河取水到草王壩要經過大小九處懸崖、十多處峻嶺，水渠需要從離地幾百米高的大土灣岩、擦耳岩和灰洞岩的懸崖峭壁上打出半幅隧道，需要五六萬個工時，草王壩才一兩百個勞力，怎麼完成這麼大的工程量？

黃大發很激動：「你知道這兩年我被抽調到楓香區水利站協助工作，我利用這個機會已經學到了一些水利技術。當然，這些都是次要的。關鍵在於，我是一名共產黨員。我有這個決心也有這個信心。我已經做好了充分的思想準備，一年修不成，修兩年，兩年修不成，修三年。我可以在這裡向你發誓，哪怕用我的命去換，也要把它修成！」

這一點，黃著文完全相信，這個看上去身材矮小又瘦弱的男人，骨子裡卻有一股泰山壓頂不彎腰的韌勁。那是一種很多人並不具備的精氣神，也是一種令人不得不敬重的人格力量。

經過黃大發多方奔走，再加上黃著文從中協調努力，縣水利局在與縣鄉兩級政府多次協商之後，最終批准了草王壩水利工程項目，決定撥付六萬元現金和三十八萬斤玉米，同時要求草王壩在規定時間之內湊齊一‧三萬元規劃押金，到時候不僅縣裡撥付的工程款和物資馬上到位，還會派出專業技術人員前往現場指導。

這對於黃大發而言無疑是天大的喜訊，他抑制不住喜悅激動的心情，連夜趕回草王壩。然而快到村口的時候，黃大發的心卻突然揪了起來。

第一次號召大家跟著他挖水渠的時候一呼百應，願意像他一樣拼命的也不乏其人。之後的十幾年，卻一次不抵一次……

如今，被貧窮和一次次失敗沖散了的人心還能聚齊嗎？短時間內

湊齊一・三萬元，對於當時窮得叮噹響的草王壩人，又談何容易？重修水渠，會有人反對嗎？

黃大發擔心什麼來什麼，他在隨後召開的全體村民大會上，剛剛提出重新修渠，立刻有人站出來反對。為首的居然還是黃大發的舅公楊春發，楊春發說：「大發啊，你要是能把水引過來，我拿手心板煮飯給你吃。」

那一刻，黃大發的心涼了大半截。

然而，黃大發不是輕易就能被打倒的人。何況他已經拿到了上級的批文，他現在已經胸有成竹，他有膽氣更有底氣。他堅信他這次含著熱淚對鄉親們發出的鏗鏘誓言，一定能夠產生積極的效果。

村民大會剛結束，黃大發又緊接著召開支部黨員大會。會上，他指出：全縣一年的水利資金不過二十萬元，卻一下子給咱們撥出了六萬元，這說明什麼？說明上級政府非常重視這條水渠的開挖，說明黨和政府的支持力度非常之大，所以他要求全體共產黨員在關鍵時刻，真正發揮先鋒模範表率作用，提高凝聚力和戰鬥力，支部成員更要緊密團結在一起，充分發揮黨支部的戰鬥堡壘作用。

全體黨員，尤其是黨員幹部們，本來就憋著一股勁，現在又再一次得到了黨和政府的大力支持，大家自然二話不說，就一個字：幹。

那一・三萬元的規劃押金呢？

湊，哪怕砸鍋賣鐵。

黃大發的心裡頓時熱乎乎的。

讓黃大發心裡更熱乎的是，他剛走出會議室，他的舅公楊春發已經帶著一些村民守候在門口，把他們應該出的那份錢，遞到了黃大發的手中。

在他們的示範帶頭之下，全村都發動了起來，湊不出錢的就借錢，借不到錢的就賣東西換錢。賣豬、賣羊、賣雞、賣包穀，還有豆子、雞蛋、蜂糖……

那天晚上，黃大發和時任草王壩村村主任張元華，在煤油燈下統計和登記規劃押金。當他們把一角、兩角、伍角的角票，一張一張地

理順疊在一起的時候，兩人的臉色都特別凝重。短短一天時間就湊足一‧三萬元，對於旱了一百多天的草王壩人來說，這一點一點湊出來的已經不只是血汗錢，而是真正勒緊褲腰帶貢獻出來的救命錢，更是鄉親們的一顆心，是草王壩人的全部希望啊！黃大發當時流著眼淚立下軍令狀：「修不好水渠，我拿黨籍來做保證，不，我拿命來換！」

一九九二年的春天，浩浩蕩蕩的修渠工程正式開始了。全村有勞動能力的幾乎全部上陣。從此三百多人的隊伍都跟著黃大發奮戰在修渠工地。按照要求，施工隊負責在前面鑿石壁、打槽，村民在後面跟著挑土方、砌堡坎。

在整個水渠所要經過的三座大山、九個懸崖、十多處山嶺當中，大土灣岩、擦耳岩和灰洞岩的地勢最為險要，必須先在懸崖峭壁上鑿出管道來，因此勘測是所有工程中的第一步，也是這次修渠的第一個難題──測量人員要在幾百米高的懸崖上工作。按照當時的條件，只能在一個人腰間拴著纜繩，從山頂上一點點把人下放到絕壁處進行測量，這種情況連專業施工人員都望而卻步。

為了不影響工程進度，黃大發自告奮勇，當即彎腰從地上撿起一根繩索，在腰間繫牢了，將另一頭遞給在場的人，吩咐其控制好繩索，就慢慢地從懸崖邊一點一點降了下去。那時候，所有人都屏住了呼吸，因為他們知道，下去的這個人，不僅是草王壩的當家人，同時還是一個年近六十的老人。看著不斷下探的繩索與山崖摩擦騰起的灰土，他們的心裡都為此捏了一把汗。直到他們聽見黃大發在懸崖下面報了平安並已經完成了任務，大家這才大大鬆了口氣，合力將他拽了上來。當時在場的村民沈秀貴無限感慨地說：「為了修渠，黃大發書記真是把命都豁出去了啊。」

到懸崖下面測量勘測，是黃大發帶的頭，後期下去埋炸藥，黃大發同樣一馬當先，還是衝在最前面。

就這樣憑藉過人的膽量、安全的防護和科學的方法，他們花了三個多月的時間，完成了大土灣岩、擦耳岩、灰洞岩的測量工作，開始進入施工階段。

大發渠

　　一九九三年，工程進入異常險峻的擦耳崖，擦耳崖與地面垂直高度有三百多米，想在這裡尋找埋放炸藥的合適位置，難度特別大，也異常危險。就在大家犯難的時候，又是黃大發第一個站出來，他身邊的幾名黨員見狀，也緊隨其後。他們先上山頂，再將繩子一頭拴住大樹，一頭繫牢腰間，然後順著石壁慢慢往下探，尋找合適位置，然後在岩石上一點點開鑿，最終鑿出炸藥埋放點。

　　冬去春來。

　　經過草王壩人風餐露宿、夜以繼日的三年奮戰，他們用雙手硬生生地鑿出了絕壁引水的奇蹟，完成了他們祖祖輩輩的夙願。一條跨三個村、十多個村民組、主渠長七千兩百米、支渠長兩千兩百米的大渠終於竣工。

　　一九九五年端午節，當汨汨清流從溝渠一瀉而下的那一刻，草王壩村全村老少扛著鋤頭一路奔向了自家的田地。他們開始引渠蓄水，他們要把祖祖輩輩刨食的旱地變為稻田。

　　那一刻，群峰壁立，流水淙淙，山風拂面，壯志有聲。

那一刻，半坎組四十九歲的徐開倫和黃大發雙雙跪在地，他們熱淚縱橫。年年歲歲的盼，年年歲歲的望，今天終於圓夢了。

　　歡呼過，雀躍過，回過神來的鄉親們首先想到了黃大發，想到了他在這三十六年爲這條水渠所做的犧牲和所付出的一切。他們發自肺腑地把這條徹底改變草王壩人命運的生命之渠親切地稱作「大發渠」。

　　這年春節，草王壩家家戶戶都把平日裡捨不得吃的新米煮上一大鍋，他們第一次底氣十足地敞開吃，徐開倫一口氣吃了五大碗。

　　水通了，黃大發卻沒有停止前進的腳步，在黨的富民政策指引下，黃大發又讓草王壩通了電，通了路，還修起了小學。

　　在解決孩子上學讀書問題的同時，黃大發又把工作重心放到帶領群眾「坡改梯」上面，也就是將原來存不住水的山坡地，改造爲能夠蓄水的平整梯田，然後開始種上水稻。在這個過程中，村民徐國樹表現得最出色。他帶領全家人改造了四畝梯田，全部種上水稻後，第二

黃大發（中）在和果農研究果樹種植技術

年的畝產達到一千多斤。

「坡改梯」的成功實施，讓草王壩的糧食總產量從每六萬斤飛升到每年八十萬斤，昔日草王壩的荒山野坡很快變成了肥沃的良田。

有了水，就有了草王壩如今的小青瓦、坡面屋、穿斗房、轉角樓、雕花窗、白粉牆……

有了水，草王壩就今非昔比。

最讓草王壩人硬氣甚至豪氣的是，原來窮得都娶不到媳婦的光棍村，如今在上級政府的大力支持，以及黃大發和幾屆村兩委的不懈努力下，已經改名團結村，而且還將很快成為易地扶貧搬遷的宜居之地。

綠水青山就是金山銀山。如今，在貴州省委省政府的支持下，黃大發帶領團結村與中天金融集團合作，將大發渠作價三千萬元入股，撬動了上億元的投資，打造旅遊度假區和生態產業園。三到五年內，團結村將實現產業轉型升級，村民可增收近五億元，將徹底告別貧窮落後，實現產業興旺、生態宜居、鄉風文明、治理有效、生活富裕的鄉村振興圖景。

二○一七年四月十九日《貴州日報》頭版頭條刊發的《絕壁「紅旗渠」的故事——「年份英雄」黃大發》一文中的結束語這樣評價黃大發：

「半個多世紀過去了，變幻的是時空，不變的是宗旨。

大發渠像一座歷史碑刻，銘記著那一段崢嶸歲月；更像一堂永遠的黨課，啓迪我們，只要真心為了人民、緊緊依靠人民，就沒有克服不了的困難，就沒有創造不了的奇蹟。」

二○一八年三月一日，在首都北京舉行的「感動中國二○一七年度人物」的頒獎盛典上，組委會給予黃大發的頒獎詞是這樣寫的：

「水過不去，拿命來鋪，這是一個老黨員為人民許下的誓言。大

發渠，雲中穿，大夥吃上了白米飯。三十六年，爲夢想跋涉，僵直了手指，滄桑了面孔，但初心不變。」

　　在頒獎現場，黃大發告訴大家，現在家家都有大米，都有果子，水好得很，很甜！

　　當主持人白岩松問黃大發，您打算幹到九十歲還是一百歲時，黃大發鏗鏘有力地回答說：「活一天就幹一天！」

5. 黃文秀：新長征路上的時代楷模

所謂「人生一瞬，轉眼百年」，說的是時光匆匆，人生短促。如何在有限的生命行程中，體現自我，實現自我，讓生命變得精彩，讓生命價值綻放奪目光芒，每個人都有自己的認識和理解。認識和理解不同，對待生命和行走的方式自然也就不同。

時代楷模黃文秀，就是這樣一個讓生命變得精彩，讓生命價值綻放奪目光芒的榜樣。

雖然她的生命永遠定格在了三十歲，但她卻用自己短暫的生命，譜寫了閃閃發光的初心使命和青春無悔！

習近平總書記在對黃文秀先進事蹟做出重要批示時指出：「黃文秀同志研究生畢業後，放棄大城市的工作機會，毅然回到家鄉，在脫貧攻堅第一線傾情投入、奉獻自我，用美好青春詮釋了共產黨人的初心使命，譜寫了新時代的青春之歌。」

黃文秀是廣西百色人。她家所在的田陽縣巴別鄉德愛村多柳屯，地處田陽縣南部的大石山區。這裡是革命老區，也是貧困地區。由於常年乾旱缺水，自然條件惡劣，農作物種植單一，村裡人普遍生活在貧困之中。黃文秀家更艱難。她的母親下肢殘疾，還患有先天性心臟病，日常出行都要靠小板凳支撐。日子雖然過得艱難，但家裡的頂樑柱、黃文秀的父親卻特別勤勞善良，也特別樂觀開朗，尤其把壯鄉山歌唱得清脆響亮，唱得激情奔放，並且因此獲得過「壯鄉山歌王」的美譽。

一九八九年四月十八日來到這個家庭的黃文秀，是聽著父親美妙動人的山歌慢慢長大的。黃文秀從小乖巧可愛、文靜秀氣。姐姐黃愛娟說，正是因為這個緣故，家人才給妹妹取名黃文秀的。

為解決山裡缺產業問題，黃文秀主動學習養蜂技術

　　黃文秀不僅乖巧可愛、文靜秀氣，還特別聰明機靈。三四歲的年紀，就會悄悄地把哥哥姐姐的舊作業本拿到門口的樹墩子上面，然後照著上面的字一個一個地描寫起來，那些字雖然寫得七扭八歪，但她一筆一畫的認真勁、細心與用心，卻讓哥哥姐姐，尤其是父母親看了很欣喜，也很感動。

　　最讓母親感動的是，文秀從小就有愛心和孝心。母親下肢殘疾，行動不便，文秀總是盡可能為她分擔家務事，爭著幫她洗這洗那，家裡但凡有一口好吃的，她總是第一個想著要留給母親。

　　有一次，她正趴在樹墩子上練習寫字，母親在撿拾柴火的時候，因為一時疏忽大意，不小心摔倒在地，手指被磕破，鮮血直流。黃文秀發現之後，先是急得哇哇大哭，後來知道哭頂不了用，就連忙衝到母親身邊，火急火燎地捧起母親流血的手指，用自己的嘴巴為母親舔舐傷口。

黃文秀家窮，但她的父母親卻十分懂得「只有知識才能改變命運」的道理，並且身體力行地做到再窮不能窮孩子。黃文秀就是在這樣的家庭環境下，同時也是在社會愛心人士的幫助之下，開始一步一步讀小學，讀初中，讀高中，最後考取大學，成為山窩裡飛出的一隻金鳳凰的。

　　黃文秀就讀的大學是山西省長治學院。

　　黃文秀生在老區，長在老區，她不僅是聽著父親美妙動人的壯鄉山歌慢慢長大的，也是在父親不斷講述無數老區英烈的革命故事和民間傳說中慢慢成長起來的。讓她最刻骨銘心的，首先當然是小平同志組織、發動、領導的百色起義。同樣讓她永遠難忘的，還有韋拔群和陳洪濤。兩人都為革命事業做出過不可磨滅的功績，又都因為叛徒出賣而英勇犧牲，成為一代又一代共產黨人學習的楷模和前進的動力源泉。

　　從小就受到老區革命精神洗禮和薰陶的黃文秀，對歷史尤其是革命歷史人物懷有無比濃厚的興趣和無限的崇敬之情，因此她所學專業是思想政治教育，所以她一到大學，就趁開學之初的空檔，專門跑到上黨戰役指揮部舊址進行實地考察，並認真仔細地參觀了八路軍太行紀念館。由於上黨戰役與百色起義的主要領導者當中都有鄧小平同志，她自然而然地把上黨戰役與百色起義聯繫起來，並以發揚百色起義精神和太行精神為己任。正如黃文秀當時的班主任閆建華所說，黃文秀是百色起義精神孕育的英雄兒女，是太行精神滋養的優秀青年，廣西百色和山西長治革命老區的紅色血脈，熔鑄了黃文秀同志堅定的理想追求。

　　二○一一年六月，品學兼優的黃文秀在鮮豔的黨旗下，莊嚴宣誓加入中國共產黨，從此如願成為一名光榮的中國共產黨黨員。

　　二○一三年，黃文秀又以優異的成績考入了北京師範大學哲學學院，從此，北師大「學為人師，行為世範」的校訓，成了她為人為學的行動指南。

　　黃文秀人如其名，她愛美，喜歡穿裙子，會彈古箏、吉他，寫得

一手好字，有一點閒暇時間還專心致志地學畫畫。無論是在山西長治學院還是在北師大，跟她同過學的人都說她身上總是散發著一種熱情，一種梅花香自苦寒來的勵志精神。除此之外，她的身上其實還有一種更為寶貴的品質，那就是她懂得感恩，無論是對父母、哥哥、姐姐，還是對她學習道路上所有的師長，以及社會上所有幫助過她的愛心人士，她始終都懷揣著一顆感恩之心。她最大的心願，就是用自己堅忍不拔的毅力、頑強刻苦的努力，來一點一點給予反哺和回報。

長期以來，父親一直有一個夢想，就是能夠到北京天安門廣場看一次升旗儀式。從廣西到北京來回的交通費、吃住費等，加起來是一筆不小的開支。錢從哪兒來？父親很猶豫。他不敢邁出這一步。黃文秀卻用自己的努力，打消了父親的顧慮。她通過勤工儉學，最終攢足了這筆錢，圓了父親這個夢，讓父親任何時候回想和提起這段經歷的時候，都感到無比激動、驕傲和自豪。

畢業後，黃文秀婉拒了許多在京企業向她拋出的橄欖枝，毅然決然地回到了自己的家鄉百色，成為2016屆廣西優秀定向選調生。

對於黃文秀所做出的這個決定，很多人不理解。能夠留在北京，那是多少人夢寐以求的事情，你為什麼不選擇留下？黃文秀笑笑回答，也許這就叫人各有志吧。

只有熟悉瞭解黃文秀的人心裡清楚，對於這個選擇，其實她早就做出了明確回答。曾經有人問過黃文秀，什麼是幸福？她的回答是：「沒有貧困就是幸福。」她在做出這個回答的時候，沒有絲毫猶豫，幾乎是不假思索。雖然她家所在的德愛村多柳屯，已經在廣州對口百色的幫扶中實施了扶貧搬遷，生活面貌得到了很大改善，但百色地區的很多父老鄉親還都生活在貧困之中。對於貧困她有切身感受，更有切膚之痛，所以她在入黨申請書中是這樣寫的：

「只有把個人的追求融入黨的理想之中，理想才會更遠大。一個人要活得有意義，生存得有價值，就不能光為自己而活，要用自己的力量為國家、為民族、為社會做出貢獻。」

所以，早已經被紅色血脈熔鑄的她，始終堅定地認為，一代人有

一代人的長征，一代人有一代人的擔當。回到自己的家鄉，爲家鄉的發展建設事業盡心盡力，做出自己應有的貢獻，就是她心裡的長征。

所以走出大山的她，才會義無反顧地重新回到生她養她的大山。

對於女兒的選擇，父親很理解，也很支持：「你入了黨，就要爲黨工作，爲社會出力，做一個乾乾淨淨的公務員。你選擇回來好，阿爸支持你。」

回到百色，黃文秀先是在市委宣傳部理論科任職，後又掛任中共田陽縣那滿鎮黨委副書記。二〇一八年三月，黃文秀正式成爲廣西壯族自治區百色市委宣傳部派駐樂業縣新化鎮百坭村的駐村第一書記。

三月的百色，正是乍暖還寒時節。黃文秀風塵僕僕趕到百坭村，顧不上喘口氣，就立刻進入工作狀態。

她先是讓村支書周昌戰召集村兩委成員與部分村民代表召開一個見面會，緊接著又按照村裡提供給她的貧困戶名單，開始逐戶登門走訪，聽取民情民意。然而，讓她沒有想到的是，她這臨門第一腳就踢飛了，遭到了鄉親們的普遍冷遇。她的心裡不免打了個咯噔，這是怎麼回事？這第一炮都沒打響，今後的工作還怎麼開展？

通過努力，她很快找到了問題的答案。

「這個書記長得這麼漂亮，學歷又這麼高，她不過是來我們村裡（走走）過場的。」這是百坭村村主任班智華，也是大多數村幹部心裡的第一感覺。

「她這麼年輕，又是一口官腔（普通話），我們也不大相信。」這是百坭村村民梁家忠，也是大多數村民的第一感覺。

明白了，村幹部和村民們擔心的，其實就是她這個駐村第一書記，這個上級派下來的扶貧幹部，能不能真正帶領大家腳踏實地真抓實幹。

找到了問題的根子，就等於找到了解決問題的鑰匙。

再次面對鄉親們的時候，黃文秀首先開口說家鄉話，但五里不同俗，十里不同音。黃文秀的家鄉田陽縣與百坭村相距將近三百里，百坭村人講的桂柳方言，她一句都不會。爲了真正拉近彼此之間的距

黃文秀（左二）深入柑橘園瞭解情況

離，也爲了今後能夠更好地開展工作，黃文秀就開始一邊工作，一邊抓緊時間刻苦學習桂柳方言。

這一切，都被黃文秀寫到了她的駐村幹部扶貧日記裡面。

在黃文秀的駐村幹部扶貧日記裡，最醒目的就是她手繪的一張百坭村貧困戶分佈圖。石山林立的百坭村是深度貧困村，全村四百七十二戶中有一百九十五戶貧困戶，十一個自然屯很分散，最遠的屯距村部十三公里，好幾個屯都在十公里以上。爲了提高工作效率，也爲了方便自己能夠忙裡偷閒，多看望幾次幾百里之外的父母親，經過反復考慮，黃文秀最終咬咬牙，拿出自己的全部積蓄買了一輛代步車。巧的是，駐村一周年的那天，汽車儀錶盤顯示的里程數恰好爲兩萬五千公里。黃文秀爲此發了一條微信朋友圈：「我心中的長

征！駐村一周年愉快！」

在那張百坭村貧困戶分佈圖上，黃文秀每走訪完一戶貧困村民，就會清楚地標出這戶人家的具體名字和具體位置，對於這戶人家的具體情況以及將要採取的具體幫扶措施，則另用文字加以詳細記錄，真正做到了然於胸。

貧困戶韋乃情，那年五十三歲，家裡孩子多，妻子又是個病秧子，黃文秀前後往他家裡跑了十二次，每次去韋乃情除了長吁短歎還是長吁短歎。最後一次是在他家屋後，韋乃情正在修剪一棵油茶樹，黃文秀靈機一動，問他敢不敢把眼前這片地都種上油茶樹，韋乃情點點頭又搖搖頭。黃文秀明白了他的意思，立刻幫他申請扶貧貼息貸款，讓他種植了二十畝油茶樹，當年就順利實現脫貧。

村民梁家忠也是有名的貧困戶，這一年，他的兩個孩子都考上了大學，一家人高興得不得了，但兩個孩子的學費，卻又讓他們獨坐愁城。黃文秀知道情況後，立刻為梁家忠家辦理「雨露計畫」助學申請。「雨露計畫」是國家在貧困地區實施的一項脫貧工程，申請表交上去不久便被批了下來，一下子為兩個孩子省下一萬元，也為梁家忠減輕了很大的經濟壓力。

百坭村砂糖橘的種植面積達五百畝，僅那用屯就達三百畝，面積雖然不小，但基本上都是單打獨鬥，產量和品質不行。如果有一個帶頭人，能夠形成規模種植，起到輻射作用，那就可以把整個百坭村都帶動起來。黃文秀和村幹部經過反復討論協商，決定選擇那用屯的種植大戶班統茂來做這個致富帶頭人。

誰知找到班統茂，卻被他一口回絕。

班統茂回絕的理由相當充分：「你們看看那用屯出村的這條路，連摩托車都開不了，更不用說開汽車。砂糖橘的季節性不用我說，你們也都清楚。到時候萬一運不出去，賣不掉，你們想過後果沒有？」

班統茂說得認真，黃文秀聽得也認真，在她的記事本上寫得更認真。離開那用屯，告別班統茂，黃文秀就直接去了鎮上，緊接著又趕往縣裡。她此行的目的非常明確，就是請相關職能部門，盡快幫助完

成那用屯的道路硬化。

　　專案批下來了，但工程量太大，工期太長，根本無法保證在砂糖橘成熟之前完工。針對這一客觀情況，黃文秀立即組織力量對破損路面逐一修整，保證卡車能開得進來，也能開得出去。

　　人心換人心。完成了這些工作之後，黃文秀再次找到班統茂，班統茂二話不說就答應了她的要求，第二年，百坭村的砂糖橘種植面積，就從原來的五百多畝擴大到兩千多畝。

　　除了修路，村裡還安裝了太陽能路燈，建了四個蓄水池。與此同時，黃文秀又組織動員有一定文化基礎的村民學習網路知識，建立電商行銷平臺。這一年，百坭村通過電商平臺，銷售了4萬多斤砂糖橘，銷售額達到二十二萬元，種植砂糖橘的貧困戶每戶因此增收了兩千五百餘元。

　　通過引導種植油茶、八角和杉木，擴大獼猴桃、砂糖橘、枇杷等農產品的銷售管道，一年時間不到，百坭村就有八十八戶四百一十八

百坭村村民班統茂在果園裡忙碌

人實現了脫貧目標。

「百坭村人的日子越來越有盼頭了。」

這是村民韋乃情、梁家忠和大家共同的心聲。

情感上，他們早已經把黃文秀當成自己的親閨女那樣親，他們更是早就認定黃文秀是帶大家奔好日子的主心骨。

每當進入雨季，廣西百色大石山區時常會遭受洪澇、塌方、山體滑坡等自然災害的侵襲。二〇一九年六月十六日晚上九點至次日凌晨五點，廣西百色市凌雲縣出現大雨到暴雨，局部大暴雨到特大暴雨，其中百色市凌雲縣伶站鄉九民水庫降雨達371.4毫米。

這一天，黃文秀利用週末開車回家看望做完第二次肝癌手術的父親，望著外面如注的雨勢，黃文秀心急如焚，她猶豫再三，最後不得不對父親說，她必須立刻回百坭村。病床上的父親非常擔心：「天氣預報說晚上有暴雨，現在開車回去不安全，還是明天再回吧。」

「正因為有暴雨，我才更放心不下，我才更應該立刻趕回去。」

面對父親的苦苦挽留，黃文秀叮囑了一句「您一定要記得按時吃藥」，便迅速出門，然後駕車向百坭村方向急駛而去。

行車途中，她不斷與村幹部聯繫，詢問當地雨勢和災情，特別叮囑要關注幾個重點村屯，要立即組織群眾防災救災……

回憶當晚的情況，村黨支部書記周昌戰幾度哽咽：「那麼危險的情況下，黃文秀書記心裡想的全都是村裡的災情……」

那時候黃文秀單位的微信工作群裡也炸開了鍋。

同事們紛紛給黃文秀留言：「太危險，趕快掉頭！」

「注意安全！」

「趕緊往回開……」

她哥哥黃茂益則一遍又一遍用手機不停地向她發出呼喚：

「妹妹，快回來，哥哥求你了！」

可是，那時候說什麼都晚了，也都來不及了……

百坭村村貌

6. 黃振榮：「紅船」精神燭照未來

　　法國大文豪雨果有一句名言：「世界上最廣闊的是海洋，比海洋更廣闊的是天空，比天空更廣闊的是人的胸懷。」

　　所以有人說，一個人胸懷有多大，他的人生格局就有多大。詩聖杜甫如果胸懷狹小，他就寫不出「安得廣廈千萬間，大庇天下寒士俱歡顏」這樣的千古詩句。

　　胸懷寬廣的人，都有「先天下之憂而憂，後天下之樂而樂」的家國情懷，都有堅定的理想信念、遠大的志向抱負，以及崇高的奉獻精神和犧牲精神。

　　二〇一八年十月榮獲「全國脫貧攻堅獎貢獻獎」榮譽稱號的黃振榮，就是這樣一位具有家國情懷的人，一位有理想信念、樂於奉獻的人。

　　黃振榮是江蘇無錫人，無錫是國家歷史文化名城，自古就是魚米之鄉。它富饒美麗，物產豐盈，人傑地靈，飽享「太湖明珠」之美譽，著名的京杭大運河穿城而過；它北倚長江，南濱太湖，東接蘇州，西連常州，構成經濟文化十分繁榮發達的蘇錫常大都市圈。

　　無錫不僅擁有大量的名勝古跡，擁有享譽海內外的優秀中國民間器樂曲《二泉映月》，更擁有「中國近代力學之父」錢偉長先生，還有以「實業救國」「實業報國」著稱的榮宗敬、榮德生兄弟，等等。

　　生於一九六三年的黃振榮，中等身材，臉龐俊朗，長得既儒雅又陽剛，富有激情又活力四射。黃振榮是從小聽著《二泉映月》以及受榮氏家族「實業報國」精神薰陶慢慢長大的。聰明好學又充滿英雄主義情懷的黃振榮，是在一九八一年考入浙江冶金經濟高等專科學校（嘉興學院前身）的。到學校報到的當天，他就隻身來到了嚮往已久

的南湖煙雨樓前，來到了停泊在那裡的那條紅船前。

　　黃振榮在紅船前久久佇立著，六十年前的那段光輝、莊嚴而又神聖的歷史情景，猶如放電影一般，一幕幕呈現在他眼前。

　　一九二一年七月，中國共產黨第一次全國代表大會，由上海轉移到這條紅船上繼續舉行直到閉幕，從此莊嚴宣告了中國共產黨的誕生。這是一條永遠載入中國革命史冊的紅船，這是一條中國共產黨的「母親船」，她既是中國革命源頭的一種象徵，也是中華兒女心中永不褪色的一座精神豐碑。

　　剛剛接受完「紅船」洗禮，黃振榮很快又被自己所在學校的光輝歷史深深打動。那是一九三七年，嘉興失守之後，嘉興學院的前身、嘉興中學校長張印通，就帶領全體師生走上流亡辦學的道路。幾經波折遷徙，歷盡艱難，最終在麗水辦起了一個簡師班。一九三九年三月周恩來在浙西考察，出席浙西臨時中學的開學典禮時盛讚：「在此冠敵蹂躪遍地，炮火連天中，浙西中學乃有如此規模，為國家民族培育英才，誠教育界前途之好現象。」從寧波到梅城，再到嘉興，嘉興學院校址幾經變遷，校名多次更換，但這種與國同運、孜孜向學的精神，一代代傳承了下來，這是「為中華之崛起而讀書」的慨然初心，也是作為嘉院學子必須傳承的精氣神。

　　正如嘉興學院現任黨委書記盧新波所說：「一所大學能夠留給學生什麼，除了知識和素養，更為緊要的是精神，百年跌宕裡走來，嘉院熾熱的愛國情懷，已融入每一位學子的血脈。」

　　從小就聰明好學又充滿英雄主義情懷的黃振榮，在「紅船」精神感染鼓舞下，在嘉院「與國同運、孜孜向學」的精神薰陶下，他心中擁有的這份愛國情懷完成了從量變到質變的轉化，並由此而確立了遠大的人生志向和宏偉抱負。正因為如此，嘉興成了他夢想起航的地方，大學一畢業，他就懷揣一顆報效祖國的赤子之心，響應國家號召，主動報名申請加入支援西部大開發的建設行列，從此離開富饒美麗的家鄉，毅然走向了青海高原，來到了青海鋁廠。

　　這一年，黃振榮二十一歲。

二十一歲，正值青春年華，本是可以徜徉於家鄉的黿頭渚、梅園等風光旖旎之處，縱情陶醉於浪漫愛情的黃金年齡。

　　而黃振榮為了自己的報國情懷和理想信念，把一生當中最美好的青春年華，無私地奉獻給了西部大開發事業。

　　一九九八年，隨著國家改革開放的不斷深入，在青海奮鬥了十四年的黃振榮，回到家鄉當起了民營經濟的弄潮兒，經過近十年的摸爬滾打，他的企業越做越大，資本也越積越多。正當企業發展如日中天的時候，黃振榮獲悉青海海東發現了八百四十平方公里的富硒土壤，於是他提議重返青海，去開發富硒農產品。他的這一計畫剛剛提出來，就遭到大家的一致反對，反對的理由很簡單也很實際：「我們根本不懂農業，進入不熟悉的領域，不確定因素太多，風險也太大！」

　　知夫莫若妻，黃振榮想通過開發富硒農產品，帶動青海海東貧困地區的經濟發展，使那裡的貧困群眾早日擺脫貧困，這一點，做妻子的心裡十分清楚，但她同時認為，幫扶的辦法和幫扶的道路多種多樣，為什麼非要選擇一條冒險的道路呢？所以她也表示堅決反對。

　　但黃振榮認準了的目標和方向，是任何人也阻擋不住的。

　　硒，被全世界公認為是人體微量元素中的「抗癌之王」，富硒農產品比一般農產品價錢至少高出三倍。加上青海的地理位置優越，海拔高，光照時間長，又是三江源頭，擁有得天獨厚的自然環境，如果能借此帶領海東貧困地區的農民都種上富硒農產品，豈不是一條脫貧致富的好路子？

　　黃振榮立刻帶著資金和引進的人才，重新返回了青海。回到青海的黃振榮，立刻將目光牢牢地鎖定在樂都區、平安區這片擁有富硒資源的土地，並很快在海東註冊成立了青海宏恩科技有限公司，成立了富硒農產品科技攻關小組。

　　萬事俱備，他們準備試種的第一個富硒產品是馬鈴薯。黃振榮與科研人員一樣信心滿滿，希望通過攻關努力，讓這片富含硒的土地早日變得富裕和美好，讓鄉親們早日摘掉窮帽子。

　　然而，科研專案啟動了，試驗田卻還沒有一點著落。

任憑黃振榮和他的團隊如何做說服動員工作，當地村民就是不買帳，最後還是通過海東扶貧局和農牧局的領導出面做群眾的工作，貧困戶安禰貞才第一個拿出了他家的十五畝地，作為科技攻關小組的試驗田。黃振榮之後又承諾農戶試種的富硒馬鈴薯全部按市場價上浮50%承包收購，這才陸陸續續獲得了兩千八百畝土地。

然而，好不容易解決了土地問題，沒想到第一年試種的富硒馬鈴薯含硒量根本不達標，與市場上的普通馬鈴薯基本沒啥區別。但為了兌現承諾，也為了試種研發順利進行下去，公司按照與農戶確定的承包收購價格收購了當年產的所有馬鈴薯，一下子損失五百萬元。

第二年，黃振榮除了在已有的兩千八百畝土地上繼續試種富硒馬鈴薯之外，又與海東市樂都區的高店鎮、雨潤鎮和城台鄉的農戶進行合作，在新增的兩千五百畝土地上試種富硒大蒜，這一年，黃振榮共計投進了八百多萬元。

這一年的試種實驗最後又以失敗告終。

接下來的第三年、第四年、第五年仍然沒有取得成功。

眼看著當初從家鄉帶來的資金，像水一樣流淌，已經所剩無幾，妻子坐不住了：「勸你別幹你偏要幹，再這樣下去，咱們又要成為窮光蛋了。」

黃振榮卻很淡定，也很從容：「我重返青海的目的是什麼？是為了我的理想和信念。錢花光了那又怎樣？大不了咱們從頭再來！」

為了盡快找到最科學的富硒馬鈴薯配方，黃振榮和他的科技攻關小組曾經試驗了一次、兩次、三次……當失敗到第一百次的時候，連黃振榮都有點動搖了。

這時候，反倒是最先給黃振榮拿出十五畝地作為試驗田的貧困戶安禰貞給了黃振榮信心和力量，安禰貞說：「黃總，我信你，只要你還在我們這裡試種那個富硒馬鈴薯，我就一定跟著你！」

安禰貞不僅這麼說，還時常開著他的拖拉機，不計報酬，不講價錢地接送科研人員來往於田間地頭。安禰貞和科研人員的行為深深感染和鼓舞了黃振榮，他不由得在心裡暗暗發誓：哪怕經歷更多的失

敗，哪怕最終搞到傾家蕩產，也一定要把這個富硒農產品搞成功。

　　憑藉這股置之死地而後生的決心和勇氣，黃振榮與他的科研團隊，在經歷了整整五年、總計七百二十次失敗之後，終於在第七百二十一次實驗的基礎之上獲得了成功，並由此取得了六個發明專利和十五項科研成果，不僅如此，黃振榮公司研發的富硒馬鈴薯和富硒大蒜地方標準，還被原農業部組織的專家評審組確定爲國家富硒行業產品標準，黃振榮的公司也被青海省評定爲高新技術企業和科技創新型企業。

　　安禰貞是第一個跟黃振榮合作的農戶，也是第一個嘗到富硒科技甜頭的貧困戶。如今，他家除了種植自家原有的那十五畝富硒馬鈴薯之外，還另外承租了一百多畝地種植其他富硒農產品，他家的年收入更是呈現出幾何級的增長，不僅一舉摘掉了貧困戶的帽子，還成了當地有名的富裕戶。

　　安禰貞如此，其他貧困戶也同樣因爲跟隨黃振榮種植富硒馬鈴薯

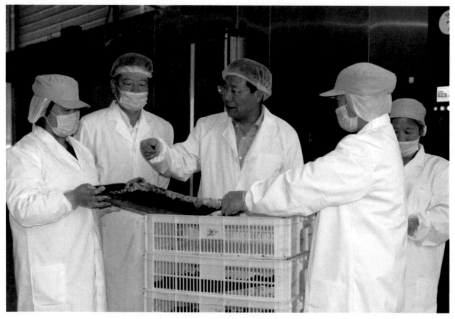

黃振榮（中）在檢查富硒黑蒜產品品質

和富硒大蒜，走上了脫貧致富的陽關大道。

富硒馬鈴薯和富硒大蒜獲得成功之後，二○一五年，黃振榮在樂都區扶貧產業園註冊成立了青海恩露生物科技有限公司，開始踏入富硒農產品深加工領域。同時，依託當地盛產紫皮大蒜的優勢，公司於二○一五年在樂都區建成年產一千噸富硒大蒜系列產品生產線和富硒馬鈴薯、富硒雜糧深加工基地，正式形成了「公司標準＋農戶種植＋基地加工＋市場行銷」的科技扶貧模式。

為保證原料供給，黃振榮的公司不僅與廣大種植富硒大蒜的農戶直接簽訂了訂單協定，而且還免費為貧困戶提供種子和技術培訓，此舉直接帶動了周邊三千八百多人脫貧。通過這種保底訂單收購，樂都區蒜農的收入從二○一三年的每畝三千五百元增加到二○一七年的一·二萬元。公司發展最好的時候，還吸收了八十九名貧困戶就業，每人年收入超過了三萬元。

黃振榮在踐行自己的理想信念過程中，始終遵循「授人以魚不如授人以漁」這樣一條原則。他說：「只有幫助、教會農戶種植，才能讓農戶享受到科技時代的福音。」

除此之外，隨著產能的不斷擴大，公司需要的產業工人和行銷人員越來越多，大大解決了當地貧困農戶的就業問題。

目前，黃振榮的公司在富硒大蒜主要種植基地成立了農民專業合作社，讓種植大戶、技術能手、貧困農戶加入合作社，發揮各自特長，帶動農戶發展富硒大蒜種植。與此同時，公司與樂都區具有實力的幾家大蒜專業合作社、大蒜經紀人都建立了長期的合作關係。

經過數年的產業扶貧和科技扶貧，截至二○一八年，黃振榮的公司在省、市、區扶貧、農牧、工信、發改委等部門的大力支持下，已經免費向基地農戶累計發放蒜種501.72噸、各類肥料293.33噸、雜糧種子12.27噸，帶動了海東市平安區三合鎮，樂都區高店鎮、城台鄉、下營鄉、峰堆鄉、共和鄉、瞿曇鎮、壽樂鎮等八個鄉鎮二十四個村三千七百八十一戶一·一五萬人脫貧致富。另外，公司已經累計培訓農戶一·五萬人次，企業直接吸收勞動力兩百餘人，間接吸收勞動

黃振榮（右）查看基地大蒜生長情況

力三千多人，勞動力直接收入達八百餘萬元。

如今，在青海海東的公路上，一輛輛滿載富硒農產品的車輛駛向四面八方，整個海東市的農業種植戶們也逐漸改變了傳統的種植思路，慢慢開始朝著多元化種植的方向闊步前進，更多的農戶感受到了家鄉正在發生的翻天覆地的變化。

嘉興南湖，是中國共產黨揚帆起航的地方。

同樣的，嘉興南湖也是黃振榮夢想出發的地方……

如今停靠在嘉興南湖煙雨樓前的那條紅船，儘管已經停靠在歷史深處，但從未停止行駛，而是照耀著一代又一代的中國共產黨人，帶領全國各族人民，從昨天一路乘風破浪，駛向了今天。它還將照耀著一代又一代的中國共產黨人，帶領全國各族人民，駛向更加美好、更加燦爛輝煌的明天。

7. 姜仕坤：農民的兒子

　　一個縣委書記時常強調自己是農民的兒子，其體現出來的，不僅是不忘初心，也是給自己明確了一種定位，更彰顯了一種責任擔當。有了這樣的站位，他會時時刻刻牢記，他手中所掌握的這份權力，是用來真心實意為人民服務和謀取福利的。有了這樣一種胸懷，他會時時刻刻把人民群眾的利益放在首位，會時時刻刻把人民群眾的溫飽冷暖掛在心上。當年河南省蘭考縣的焦裕祿、林州市的谷文昌如此，如今貴州省黔西南州晴隆縣的姜仕坤也是如此。

　　姜仕坤一九六九年十二月出生在貴州黔西南布依族苗族自治州冊亨縣大山深處的一個普通苗族農家，他在家排行老二，上有一個哥哥，下有兩個弟弟。在父母親和村裡長輩眼中，他從小就聰明機靈，肯吃苦，很善良，說話做事也總是有條有理的，特別討人喜歡。三歲看大，七歲看老。村裡人都認為仕坤這伢子，將來是一塊幹大事的材料。

　　姜仕坤是在二〇一四年九月正式履職晴隆縣委書記的。當時的晴隆，是貴州西南部最貧窮的小縣，有「晴隆窮甲天下」之說。全縣一百八十一個行政村有一百二十二個是扶貧開發重點村，貧困發生率超過50%。晴隆接下來會怎麼走，又應該怎麼走，對此，晴隆的許多幹部都很迷茫，這也讓姜仕坤非常明顯地感覺到工作開展起來十分艱難。

　　究竟應該從何處入手，來破這個局呢？

　　首先必須提振廣大基層幹部的士氣。

　　「我們承認落後，但不能甘於落後！」姜仕坤的這句話擲地有聲，既是一種信心信念的鼓舞，也是他向全縣領導幹部發出的動員

令。

「好個晴隆縣，白天停水，晚上停電。」這是晴隆縣城老百姓編的一句順口溜。而晴隆縣城從交通設施到整體規模佈局，基本上跟一個鄉鎮差不多，甚至都不如其他縣市一個像樣的鄉鎮。

姜仕坤決定，就以解決晴隆縣城老百姓用水難、用電難以及縣城擴容等問題，作爲他在晴隆全面開展工作的切入點。

很快，專案從省裡爭取來了，資金也通過各種努力落實下來了。

縣城用水難的根本原因是縣城位置高，需要五級提水，成本太大，費用太高，那就推動西泌河水庫水電建設，用發電收入補貼城市用水，縣財政再擠出一部分，就這樣，水費降了，自來水供應正常了。

縣城用電難的主要問題，是因爲晴隆沒有變電站，那就通過大力推動城市電網改造，建一座110千伏的變電站和220千伏的變電站，徹底改變以前一處停電全城熄燈的狀況。

縣城擴容改造遇到拆遷難問題，「我是農民的兒子，我知道他們的想法。」姜仕坤一次次走到徵拆戶中間，一遍遍跟他們講解縣城擴容的目的和意義，一遍遍掰開手指頭，跟大家一筆一筆算細帳。回到辦公室，又一遍遍修改完善拆遷方案，最終在兼顧各方利益的基礎之上，圓滿解決了這一問題。

不久，縣城面積從一・七平方公里擴大到六平方公里，人口翻了一番，不到六米寬的車道，變成了乾淨清爽的瀝青路，車行暢通有序，道路兩邊的商鋪鱗次櫛比，各具特色，這也爲姜仕坤下一步利用「二十四道拐」這張厚重的歷史名片，大力發展旅遊產業奠定了良好的基礎。

「石縫種包穀，只夠三月活。姑娘往外嫁，媳婦討不著。山谷石頭箐，水遠石頭硬。要想吃大米，除非生大病。亂石旮旯地，土少地又薄。春耕一大坡，秋收幾小籮。」

這首在晴隆農村廣爲傳唱的民謠，唱出了晴隆自然環境的惡劣。爲了改變這一惡劣的生態環境，早在二〇〇六年，晴隆縣就在有關專

家的建議指導之下，在這種喀斯特地貌特徵異常顯著地區，推行了種草養羊的做法，這樣做，既是一種產業扶貧，另外也有利於整治生態環境。這種做法曾經被國務院扶貧辦譽爲「晴隆模式」。只是由於種種原因，始終沒有形成氣候。

應該說，這是一本好經，之前的晴隆人只是沒有把它念好，沒有眞正念出預期的效果來。

「我是農民的兒子，我應該爲晴隆的種草養羊竭盡全力。」姜仕坤下決心一定要把這本經念好，而且一定要念出眞正的成效來。爲此他立刻當起了「羊司令」，用他的話說就是，「想讓百姓養羊，自己先得懂羊」。原本酷愛讀書的他，買來了大量專業書籍，刻苦學習和鑽研養羊的知識和技術，與此同時，他又專門去拜訪了晴隆有名的羊倌張大權。

張大權曾經是晴隆縣畜牧局的一名普通技術員，二十多年前貸款養羊，幾年時間就成了當地有名的養羊大戶。也就是從那時起，晴隆

姜仕坤（中）在晴隆縣光照鎮與養羊戶交流

才開始探索養羊扶貧的路子。在張大權的帶動下，晴隆羊養殖經過二十年的發展，已經在育種、繁殖、經營上成效顯著，成就了一批養羊大戶。

姜仕坤首先問張大權：「咱們縣的種草養羊，曾經被國務院扶貧辦譽為『晴隆模式』，你覺得它得不到全面鋪開的原因到底在哪裡？」

張大權回答：「咱們推廣這種做法的時候，採取的辦法是由扶貧資金補貼，縣草地中心提供種羊和草料借給農戶養，產出的羊羔歸農戶所有。這種方式雖然解決了啟動資金的問題，但是它的回報週期長，養殖風險高，產權不明晰，銷售得不到保障，收益得不到保障，所以積極性普遍不高。」

離開張大權，姜仕坤又分別趕往大田鄉以及地處偏僻、山路崎嶇的長流鄉，進行實地考察調研。在去大田鄉的路上，姜仕坤首先聽到了「蘭蛇的雞不啄米」的故事。說的是，一個商販去蘭蛇坡村買雞，拉到晴隆，故意讓雞餓上一晚，第二天準備賣的時候，就抬了半盆米來餵雞，他想讓雞吃得脹鼓鼓的，到時候可以多賣一點錢。誰知道，一籠子雞都不啄米，讓這商販哭笑不得。商販靈機一動，去市場買來幾斤包穀米，雞卻搶著啄個不停。於是，蘭蛇雞不會啄米就成了封閉與貧窮的笑話傳開了。蘭蛇坡村的雞因從未見過米，不知道大米是可以吃的。由此可以想像人窮到什麼地步了。

而姜仕坤接下來要去的長流鄉，則是很多幹部所形容的「來了就不想回去，回去就不想再來」的地方，其貧困狀況同樣不言而喻。

晴隆的現實狀況，讓姜仕坤揪心，讓他感覺身上的擔子太重太重，也更堅定了這個農民的兒子，要為晴隆老百姓的脫貧致富殫精竭慮、鞠躬盡瘁的決心。

從縣長到書記，姜仕坤在晴隆整整幹了六年。晴隆人眼裡的姜仕坤，勤勉，樸素，踏實，從來沒有一點官架子，但幹起工作來，卻風風火火，精力充沛，令行禁止，說到做到，一往無前。一句「我是農民的兒子」，使他始終不忘初心，善於擔責，勇於擔責，始終把老百

姓——尤其是貧困山區的父老鄉親的吃穿住行、安危冷暖放在心上，矢志不渝地帶領全縣幹部群眾奮戰在脫貧攻堅戰的第一線。

在晴隆的六年時間裡，沒人知道他總共下了多少次鄉，爬了多少座山，只有他的司機朱黎家對照著里程表算過一筆賬：六年時間，行駛里程六十萬公里，平均每天要在車上行進兩百公里，至於攀高爬低，過澗過坎，以及田間地頭總共走了多少路，已經根本無法計算。

從外表看，人們只知道他永遠都風風火火，精力充沛，只知道他喜歡穿寬鬆的衣服鞋子，只知道他才四十歲出頭，兩鬢已經斑白，背也有些微駝，卻很少有人知道，因為重度痛風，他每次都是帶著速效救心丸翻山越嶺，爬山入村。嚴重的痛風更是經常折磨得他整夜整夜不能安睡。醫生每次給他的建議和叮囑都是：按時服藥，千萬不能勞累……

可是，他每天的工作日程卻排得滿滿當當，他每天要幹的工作，要操的心，要處理的事情，一個接著一個，一件接著一件，他每天平均工作時間接近十八個小時，很多時候，都已經是夜裡十二點之後了，他的辦公室或者他的臥室還亮著燈，他還在與各職能部門的負責人研究商量著下一步的工作……

為了念好種草養羊這本經，從張大權那裡找到問題的答案之後，姜仕坤不僅刻苦鑽研養羊知識，還經常深入田間地頭，去當宣傳員，去解決鄉親們遇到的每一個實際問題，真正做到與鄉親們風雨同舟，休戚與共。他之所以把大量時間精力用在這方面，是因為他早已經充分認識到，只有把晴隆的普通農戶都發動起來，都加入山地種草養羊的行列裡來，才能最大限度地發揮脫貧致富的實際效應。

另外，無論工作多忙多累，姜仕坤都要抽時間去正在建設當中的海權肉羊加工廠的工地現場，去看看工程的進度，去瞭解施工當中有哪些問題需要他協調解決。他跟董事長托尼是好朋友，他們第一次見面的時候，正處在海權肉羊加工廠專案前期啟動階段，在雙方的共同努力下，晴隆縣與海權肉羊加工廠很快簽署了戰略合作協定。作為一家集屠宰、排酸、分割、真空包裝、速凍、冷藏為一體的現代化一

流肉羊加工廠，它一旦在晴隆竣工投產，無疑將深化和拓展「晴隆模式」的內涵和外延。晴隆可以依託這個平臺，把種草養殖生態肉羊的模式推向全州、全省乃至省外，爲黔滇桂三省區的石漠化治理、科技扶貧提供實踐基礎和參照模式，爲現代生態農業的發展探索出新路，形成眞正的生態農業產業化發展鏈條，節省生產、加工、銷售的中間成本，實現企業與養殖戶的利益最大化。

因此，海權肉羊加工廠的建設進度，是他那段時間最牽掛的一件事情。

二○一三年九月，海權肉羊加工廠正式建成投產，爲種草養羊的鄉親們解決了銷售的後顧之憂，大家的熱情和積極性自然也就跟著高漲起來。現在，種草養羊已經正式成爲晴隆縣治理石漠化、實現群眾增收的雙贏產業。

四川劍閣縣有「一夫當關，萬夫莫開」的劍門關，貴州晴隆同樣有雄、奇、險、峻的「鴉關」，意思是指烏鴉都飛不過的關隘，後來改叫「二十四道拐」，二戰期間又叫「抗戰公路」。它起於大水溝，盤旋於晴隆山脈和磨盤山之間的斜坡上。站在晴隆山觀景台往下俯瞰，若是有霧，一層薄霧在山腰飄浮，二十四道拐像巨龍在霧中舞動，其宏大，其壯觀，其奇妙，無不讓人歎爲觀止，流連忘返。而在反法西斯戰爭中，占住了這條交通線，就意味著扼住了戰爭的咽喉，這是一條決定中日雙方戰爭勝負和民族命運的公路。

爲了發展晴隆縣的旅遊經濟，姜仕坤力排眾議，決定以二十四道拐爲歷史引領，以其獨特的地形地貌和文化資源，再結合那場波瀾壯闊的反法西斯戰爭，引進戰略投資者，把二十四道拐打造成一個二戰遺址公園，並通過努力講好二十四道拐故事，力爭創造出一個國際化的旅遊品牌。

同時又以中央電視臺、八一電影製片廠與貴州電視臺聯合拍攝電視劇《二十四道拐》爲契機，相繼打出電視劇拍攝、旅遊開發、汽車拉力賽等一系列組合拳，尤其在使晴隆成爲自駕者的標配旅遊地上面下足了功夫。

晴隆人做夢都沒有想到，二戰遺址公園建成之後的第一個國慶黃金周旅遊假期，每天會有三萬多人湧進這個曾經被稱為「窮甲天下」的晴隆小縣城，全縣的旅遊綜合收入達到13225萬元。其中，那段被稱為「抗戰生命線」的著名公路晴隆二十四道拐，每天就要接待遊客近萬人次。

截至二○一五年底，晴隆縣的貧困人口從16.19萬人減少到7.91萬人，貧困村從一百二十二個減少到六十個。

二○一五年十一月，黨中央國務院吹響了堅決打贏脫貧攻堅戰的衝鋒號。

二○一六年初，脫貧攻堅戰在黔西南州打響，各縣市都與州委簽下軍令狀。

晴隆縣脫貧攻堅戰的奮鬥目標是，到二○一八年，所有貧困鄉鎮全部實現「摘帽」，貧困村全部出列，貧困人口全部脫貧。而這時候姜仕坤記事本上所記錄的全縣具體情況是：「長流鄉，還有貧困村六個，貧困人口9020人，貧困發生率32.8％；中營鎮，還有貧困村八個，貧困人口11752人，貧困發生32.8％；中營鎮，還有貧困村八個，貧困人口11752人，貧困發生率48％；大田鄉，還有貧困村六個，貧困人口6865人，貧困發生率41.8％；三寶鄉，還有貧困村三個，貧困人口2900人，貧困發生率51.7％……」

對於姜仕坤來說，晴隆縣的脫貧攻堅仍然任重道遠，他還要以更飽滿的激情，以破釜沉舟的勇氣和決心，以時不我待、只爭朝夕的精神，堅決響應黨中央國務院的號令，堅決打贏這場脫貧攻堅戰。

然而，嚴重的痛風也在時時刻刻折磨著姜仕坤，每天超負荷的工作，嚴重的體力透支，更是在不斷消耗著他的身體能量。

二○一六年四月五日，正在興義開會的姜仕坤再次感到身體不適。在妻子的強烈要求下，他不得不去了醫院，然而，還沒等醫生把最後的檢查結果交給他，他就在匆匆掛了一瓶營養液之後，風風火火地趕回了晴隆。

「只要還有一個晴隆人沒有脫貧，我這個縣委書記就不能休

息。」

二〇一六年四月十二日，姜仕坤在廣州出差期間，突發心臟病，雖經全力搶救，最終卻還是永遠離開了人世，他寶貴的生命蠟炬也因此永遠定格在了這一天。

姜仕坤的這支生命蠟燭距離它的盡頭，本還很遠很遠。他只要認真聽取醫生的建議和叮囑，稍稍放慢一下腳步，稍稍將養一下自己，他甚至只要多想一想年過八旬的母親，想一想自己至今還沒有好好報答父母親的養育之恩……他原本是可以活得更久遠一些的，只可惜，在使命擔當與生命長度面前，他義無反顧地選擇了前者，最終累倒在了他爲之不懈奮鬥的脫貧攻堅道路上……

回顧姜仕坤短暫的一生，除了說「我是農民的兒子」，他很少表態，更沒有任何豪言壯語，無論在晴隆，還是之前在基層，在其他縣任職期間，他始終都是用自己的實際行動履行自己入黨時的誓言……

作爲縣委書記，他對年邁的父母親說得最多的話是：「郡縣治，天下安。自古忠孝難兩全，我只能請父母雙親恕兒不孝了……」

作爲縣委書記，他對兄弟說得最多的話是：「我的權力是黨和人民給的，我只能做一名稱職的人民公僕，但不能用它來爲親人謀取私利……」

作爲縣委書記，他對妻子說得最多的話是：「老婆對不起！我實在太忙，沒時間陪你，等我退休了，我一定把欠你的全部補上……」

作爲縣委書記，他對女兒說得最多的話是：「知識改變命運。希望你多讀書，讀好書。也希望有機會，我們能多回幾次冊亨老家，給你爺爺奶奶多挖幾籠紅薯，多摘幾筐苞米……」

焦裕祿四十二歲那年被肝癌奪走生命。在河南省蘭考縣老百姓的眼裡，焦裕祿不僅是書記，更是他們的貼心人，是他們的老朋友。當地很多上了年紀的老人，一提起焦裕祿，仍然還是跟當年一樣，親切地稱呼他「老焦」。

貴州晴隆縣的姜仕坤同樣把群眾疾苦掛在心上，足跡踏遍晴隆縣所有鄉鎮、村居，無論走到哪裡，他總是和老百姓算經濟賬、圖脫貧

策，不遺餘力地發動群眾種草養羊，不斷努力發展山地特色經濟，晴隆的老百姓都親切地稱他為「養羊書記」、「農民書記」、「算帳書記」。

8. 藍標河：燃燒自己照亮他人

貧苦是一所學校。有的人在這所學校學會了安分守己、安於現狀、不思進取、隨波逐流，心中充滿了怨氣、戾氣與憤憤不平；有的人則在這所學校學會了刻苦耐勞、勤奮上進，磨礪出了堅硬堅強、堅忍不拔、勇往直前的寶貴品格，最終交出了一份閃光亮麗的人生答卷。

藍標河屬於後者。

藍標河一九七四年出生在廣西都安瑤族自治縣地蘇鎮丹陽村一個普通農家。

從空中俯瞰，藍標河家鄉的那條地蘇河，宛若一條碧綠的玉帶，兩岸田野如同玉帶上的翠綠寶石，漂亮的民居點綴在玉帶與寶石之間，構成了瑤鄉一幅如詩如畫的寫意山水畫卷。

然而，藍標河降生到這片美麗土地上的時候，丹陽村還是當地有名的貧困村，他的家庭更是窮得一貧如洗，經常吃了上頓愁下頓，全家人每天勉勉強強只能湊合吃上兩頓飯。藍標河就是在這樣的貧苦生活中慢慢長大的。

地蘇河的水清澈，地蘇河的水甘甜，地蘇河養育了藍標河，但地蘇河不屬於藍標河，他有更廣闊的人生舞臺，他必須大鵬展翅般飛出去。

一九九三年，作為丹陽村第一個大學生，藍標河帶著自己的理想，真的張開翅膀飛了出去。因為品學兼優，藍標河讀大三的那年，就成功通過黨組織的考察，成為一名光榮的中國共產黨黨員。

一九九七年，藍標河帶著優異的成績走出大學校門，一步跨入了廣西社會科學院，從此邁上與文字為伍、以思想為業的人生新台階，

雖然不敢說有「揮斥方遒，激揚文字，指點江山」那種豪情與豪邁，卻也充滿了風華正茂的書生意氣。

二〇〇三年，社科院要選派一名年輕幹部到定點扶貧縣大化瑤族自治縣開展扶貧工作，藍標河知道情況後，主動報名說：「我是院裡最年輕的共產黨員之一，還是讓我去吧。」

領導同意了。新婚宴爾的妻子林蘋卻嘟起了嘴巴：「你傻呀，剛離開大山，現在又要回去？」藍標河呵呵一笑：「你要是知道我小時候的日子是怎麼苦過來的，你就能理解我現在的心情了。」

就這樣，藍標河去了大化瑤族自治縣。

那時候扶貧工作的重點，主要還是資金扶貧、專案扶貧，也就是所謂的「漫灌式」扶貧，又叫「輸血式」扶貧。這其中最核心的要素，就是盡快改變貧困地區經濟、社會和文化的落後面貌，加快貧困鄉村的基礎設施改造、道路交通改造建設和希望工程建設等。

從本單位到自治區教育廳、交通廳、水利廳、希望工程辦公室……四年來，藍標河通過實實在在的努力，為大化瑤族自治縣辦成了許許多多的實事，解決了許許多多的問題。他的努力也因此得到了方方面面的肯定和稱讚，獲得了許許多多的先進榮譽稱號。在這許許多多的榮譽稱號裡面，藍標河最看重的是「優秀共產黨員」這六個字，他認為這是他的初心使命獲得組織和人民群眾認可的一個標誌，他會在這種激勵之中更加砥礪前行。

由於藍標河工作作風勤勉踏實，又年富力強，為了更好地推動大化瑤族自治縣的扶貧工作，也為了讓藍標河更好地為大化瑤族自治縣的扶貧工作積極建言獻策、貢獻力量，二〇一二年十一月到二〇一四年一月，上級讓他掛任大化瑤族自治縣副縣長。

二〇一四年九月，藍標河被調入自治區扶貧辦。

調入自治區扶貧辦之後，藍標河就立刻被委以重任——負責組織實施全區五十四個貧困縣的考核工作。對於藍標河來說，他的職務變了，但他的工作性質沒有變，他的使命擔當沒有變。如果非要說有變化的話，那就是他肩膀上所挑的擔子變得更重，他的壓力變得更大

了。

要完成全區五十四個貧困縣的考核工作，首先就要建立起廣西扶貧成效考核體系。然而當時全國的考核體系仍處於探索階段，沒有先例，也沒有參考。

那就撸起袖子，一切從零開始。

第一步，首先認真學習領會習近平總書記關於開展扶貧工作的重要指示精神和一系列理論闡述，在此基礎上，再逐字逐句研究學習中央有關文件精神，這些是最根本、最綱領性的指導思想和理論依據。

接下來就是結合廣西的具體情況，落實各項具體的考核指標。由於考核指標涉及部門眾多，藍標河就帶隊挨個拜訪溝通，交流協調，爭取形成共識。爲了讓這套考核體系更全面、更完善、更接地氣，藍標河又把工作下沉，多次帶隊到各個貧困縣進行模擬考核，進一步聽取基層扶貧幹部的意見和建議。

在最終擬定這份考核體系的過程中，藍標河一個字一個字推敲，一個字一個字琢磨，從第一稿開始，到最終確定行文，藍標河幾易其稿，他全部所寫的稿子，借用廣西扶貧辦監測統計處鍾燕的話說，「堆起來都有我一個人這麼高了」。

藍標河爲此付出了很多的汗水和心血，由此可見一斑。

二〇一五年，全國扶貧工作進入第三階段，也就是黨中央提出實施的「精準扶貧」階段。

如何完成黨中央國務院的戰略部署，徹底打贏這場脫貧攻堅戰，是全區上下共同面臨的課題。而廣西扶貧辦，無疑是這場攻堅戰的排頭兵。廣西扶貧辦的首要任務，就是盡快制訂和完善具體的作戰目標和實施細則，其中「精準識別入戶評估表」就是最關鍵的一項。

目標任務明確之後，藍標河和他的戰鬥團隊就立刻進入戰時狀態。他們既分工明確，又團結協作。他們白天分頭到各地區、各部門進行實地走訪，收集掌握第一手材料，然後再利用晚上時間，加班加點將農戶貧困程度細化爲住房、種養、務工、健康等幾十項指標，進行集中梳理、分析，逐一細化，反復核實論證和討論，最終讓這一套

精準識別方案塵埃落定。

　　緊接著，在藍標河以及他的工作團隊夜以繼日的共同努力之下，廣西扶貧成效考核、協力廠商評估協調工作和脫貧摘帽驗收等，也相繼陸續實施。

　　二〇一六年，廣西扶貧成效考核成績位列全國第一方陣，其中第三方評估成績居全國第一。二〇一七年，藍標河又牽頭起草了全區扶貧調研和督查文稿，主持完成多份脫貧攻堅分析報告，為廣西壯族自治區黨委和政府在許多重大戰略決策上面提供了強有力的參考依據。

　　而所有出自藍標河之手的這些考核、調研、分析數據，基本上都是藍標河深入扶貧工作第一線考察得來的，他真正做到了「從實踐中來，到實踐中去」。據不完全統計，僅二〇一七年一年，藍標河就到過二十多個縣，走訪了近一百個村、四百餘戶農戶。

　　為了使命擔當，為了徹底打贏這場脫貧攻堅戰，藍標河每天的工作日程表都排得滿滿當當。一想到身上的擔子，一想到還有那麼多的工作正等待自己去幹、去完成，他不敢有絲毫懈怠和放鬆。

　　融安縣是自治區級貧困縣，計畫在二〇一八年脫貧摘帽，任務非常艱巨。自治區扶貧辦作為融安縣的後盾單位，計畫選派一名得力幹部幫助融安縣脫貧，在徵求藍標河的意見時，藍標河主動請纓，願意承擔這份重任。

　　回到家裡，跟妻子林蘋一說，林蘋掉下了眼淚。南寧到融安，一個來回將近七百公里，家裡老的老，小的小，萬一有個三長兩短，林蘋一個人根本顧不過來，所以她懇請藍標河考慮一下家裡的實際狀況，不要去融安。

　　藍標河皺起了眉頭：「現在是全國脫貧攻堅的關鍵時期，我是一名黨員，又是扶貧辦幹部，我肯定要帶這個頭啊。」

　　從來沒有在工作上拖過藍標河後腿的妻子再也忍不住了：「扶貧扶貧，你心裡只有扶貧。你一個正處級幹部，到現在還帶著老婆孩子跟岳父岳母擠在一套舊房子裡。你為什麼不先給你自己扶扶貧？這麼多年下來了，你問過兒子的冷暖沒有？你帶兒子去過一次公園沒有？

你知道兒子在想什麼，需要什麼嗎？我，你的老婆，跟你結婚這麼多年了，你又給過我什麼了？如今父母親都快八十了，他們的身體都不好，都需要人服侍照料，我一個人，又要上班，又要照顧老又要照顧小，我是實實在在照顧不過來，才對你開這個口，才希望你留下來，為我稍微分擔一點點的⋯⋯你說，我這個要求過分嗎？」

面對林蘋的數落，藍標河低頭沉默，無言以對。又豈只是無言以對，應該是無顏面對。對妻子林蘋，他不是一個好丈夫。對兒子，他不是一個好父親。對岳父岳母，他不是一個好女婿。兩位老人家身體越來越差，大毛病不少，小毛病不斷，同在一個屋簷下，別說經常侍奉左右，端水端藥，就連噓個寒，問個暖，他每次也都是例行公事似的⋯⋯一想起這些，他心裡就全都是愧疚。百善孝為先，他能過得了這個心坎嗎？

藍標河陷入了深深的自責、矛盾與痛苦之中。究竟應該何去何從，他真的左右為難了。

那一夜，他在床上輾轉反側，難以入眠。那一晚，妻子林蘋也是徹夜無眠。丈夫雖然什麼都沒有說，但他的心思，她全清楚。他是在貧苦中長大的，也是從貧苦中慢慢成長起來的。他自己穿的衣服是「新三年舊三年，縫縫補補又三年」，生活特別儉樸，但他每次見到貧困的孩子，都會傾其所有，給予幫助。對於他所從事的扶貧工作，他更是傾盡全力⋯⋯如果他這次沒有去成融安，他心裡肯定憋屈，肯定難過。丈夫心裡不好受，做妻子的又怎麼好受？唉！

這一聲歎息意味深長，有抱怨，有無奈，有體恤，是真正的愛恨交加。

就這樣，藍標河於二〇一八年三月十九日，正式到融安縣報到，掛任融安縣委常委、副縣長，兼任廣西壯族自治區赴融安縣「美麗廣西」鄉村建設（扶貧）工作隊隊長。

藍標河之前曾多次到融安調研考察過，對該縣的大致情況，心裡早有了瞭解，所以他一到那裡，就立刻進入角色，從推進基礎設施建設到產業項目扶持，從危舊房改造到易地移民搬遷，所有這一切他都

藍標河（左）走訪廣西融安縣同仕村貧困戶

一一抓落實，抓指導，抓督促，抓考核。與此同時，在他的推動下，縣裡制訂推出了全縣脫貧摘帽預考核工作方案，方案科學客觀，可操作性強。另外又很快建立了「扶貧日」和「幹部夜訪」制度，用制度化推進加快脫貧攻堅的步伐。

「腳下沾有多少泥土，心中就沉澱多少真情。」習近平總書記的這句話，始終都是藍標河開展扶貧工作的精神食糧和行為指南。到融安短短的一個月時間裡，他就走遍了融安的三十四個貧困村。僅大坡鄉他就去了四次，先後到了同仕村、福下村、星下村等多個村屯，入戶走訪幫扶戶，傾聽他們的聲音，瞭解他們的實際困難。

同仕村同仕屯的貧困戶黃德連是藍標河的結對幫扶對象，黃德連說，藍標河到他家來過好幾次，幫扶手冊上還留有他的簽名。藍標河幫他家協調落實危舊房改造款，並幫他制訂落實了養雞專案產業規劃。藍標河去逝前一天還到過他家。他對黃德連說：「我經常來你家，就跟走親戚一樣，你有什麼困難，有什麼需要解決的事情，儘管

跟我說。」

如今，黃德連養了六百多隻「大坡飛雞」，一家七口住上了新房，已經成功實現脫貧。

離開黃德連家，藍標河又拎著事先準備好的雞肉、豬蹄等熟食，叫上幾個村民，一起走進了貧困戶韋桂連的家。他和大家圍坐在一起邊吃邊聊：

「今天主要是來和大家一起商量落實一下，咱們今年具體都要幹點啥。」

「黃啓廣，你會編竹編，就要順著這個路子走下去，到時候我來幫你推銷，收入一定沒問題。」

「黃永禮，這幾年金橘產業前景好，只要把品質搞上去，肯定不愁賣。」

「……

按照工作排程，離開同仕屯，藍標河就必須立刻趕回南寧，因為第二天自治區扶貧辦還有一個重要的協調彙報會等著他。回到家裡，藍標河顧不上喘口氣，又開始連夜整理趕寫第二天的會議彙報材料，寫著寫著，他的人就不動了……

他就這樣永遠倒下了……

哥哥藍標松眼含熱淚回憶說：「父親的忌日是四月十三日，本來是定好這一天給父親上墳的。但因為考慮到十三日是融安縣的扶貧日，所以他考慮來考慮去，只能跟我協商，把祭奠的日子推遲一下。十四日下午五點多鐘，標河還打電話給我，還詢問了一些給父親祭祀的具體事宜，我當時就感覺他的嗓音有些沙啞，聲音也沒有以前那樣大，我當時還提醒他，一定要注意身體，沒有想到，僅僅過去幾個小時，他就不在了……」

9. 冷菊貞：把民俗做成產業

在黑龍江省雙鴨山市市場監督管理局，只要一提冷菊貞的名字，那是無人不知，無人不曉。

冷菊貞在單位負責宣傳工作，她的筆桿子隨便一動，一篇文章就能新鮮出爐。其中《留住沒有文字的聲音》、《採山的漢子在桃源》等文章，更是圖文並茂，對挽救民族文化，宣傳地方生態保護和綠色文明發展，起到了積極的推動作用。

羅丹說：「美是到處都有的，對於我們的眼睛，不是缺少美，而是缺少發現。」

從這個角度出發，具備發現美的眼睛至關緊要。

冷菊貞就具備了這樣的一雙眼睛，她不僅文章寫得好，攝影方面也是一把好手。她鏡頭下的《赫哲漁人》等一系列攝影作品，就很精準地將赫哲族人的粗獷豪爽、熱情奔放，以及對生活充滿熱愛和嚮往的那股精氣神，做出了非常完美的藝術定格。

二〇一五年十一月，黨中央國務院向全黨全國人民吹響了脫貧攻堅的衝鋒號，當她得知局裡要選派一名扶貧幹部，到饒河縣西林子鄉小南河村當駐村第一書記這個消息之後，便主動請纓，要為家鄉的脫貧致富貢獻力量。

局領導將信將疑：「扶貧工作不是寫文章，不是拍照片，你可要想好了呀。」

冷菊貞莞爾一笑：「我既然提出申請，肯定已經想好了。」

冷菊貞就這樣成為全省三千四百九十二名駐村書記當中的一員，到饒河縣西林子鄉小南河村走馬上任了。

小南河村位於烏蘇里江畔，大頂子山下，著名歌唱家郭頌演唱的

《烏蘇里船歌》當中唱到的「白雲飄過大頂子山……」就在這裡。

小南河村是雙鴨山市乃至黑龍江省出了名的貧困村。全村兩百二十六戶，六百六十四口人，村裡雖然有近兩萬畝的土地，但大部分都是貧瘠的崗子地，靠傳統種植致富基本沒有可能。

冷菊貞信心滿滿來到小南河村，沒想到，在村幹部的陪同下，第一次與村民見面，就遭遇了下馬威，她剛開口講話，一位村民就打斷她：「你就是俺們村新來的扶貧幹部？」冷菊貞點點頭說是的。「聽說你是帶了扶貧款來的？」她笑著搖搖頭說：「我一分錢都沒有帶，我只帶來了黨和國家的扶貧政策，我就是來帶著大家幹事的。」那位村民馬上撂臉子：「沒帶錢你來幹啥玩意兒？」說完這句話，立刻揚長而去。

小南河村原本就落後、封閉、貧困，一到冬天，村民們便喝酒成風，賭博成癮，借此打發漫長無聊的嚴寒冬日。小南河村是遠近聞名的「大酒罐子」，每家每戶至少有兩口能裝兩百斤的大缸，一口缸用來裝水，另外一口缸則用來裝酒。大家一上桌子，就比賽看誰能喝，喝得越多，越顯英雄本色。村民毛志江就是其中最典型的代表。他幾乎天天與酒為伴，不僅是有名的酒鬼，還是出了名的懶漢。他和一些村民有時一天要趕三四個酒場，經常喝到不省人事……

冷菊貞新官到任後的「三把火」，第一把火就從整治小南河村的酒風、賭風開始。毛志江第一個不服。他瞪大眼珠子質問冷菊貞：「這冰天雪地的，你不准俺們喝酒，你還讓不讓老百姓活了？」

冷菊貞反問毛志江：「你看你現在活得還像個人樣子嗎？」

毛志江並不是一盞省油的燈，他粗門大嗓道：「俺倒是想活出個人樣子，可是你能給俺指出一條活路來嗎？」

「路在你自己腳下。」

「拉倒吧你。俺們這個村，上頭派那麼多大老爺們來都沒能整出名堂，你一個女秀才，能整出個二五六來？」

「飯是一口一口吃出來的，路是一步一步走出來的。你一步都沒有走，怎麼知道走得通走不通？」

「君子訥於言而敏於行」，但冷菊貞認為，自己想要在小南河村開好局，打響第一炮，卻必須「言行」合一。冷菊貞所展現出來的這種從容、自信與優雅的氣度，讓毛志江的聲音不得不變得柔和起來。

「可你總得告訴俺，這路該咋個走法吧？」

冷菊貞笑了：「如果村裡建一個辣椒醬廠，你願不願意入股？」

毛志江的眉毛聳動起來了，別說，這還真是一個好主意，小南河村人愛種辣椒，各家各戶多的就是辣椒，如果真能把村裡成山成堆的辣椒集中起來，然後做成辣椒醬，這應該是一個增加村民收入的好法子。

「此話當真？」

冷菊貞點點頭：「軍中無戲言。」

毛志江一拍胸脯：「行，從今往後，俺就聽你的話，就跟著你幹了。」

毛志江說到做到，村裡建辣椒醬廠，他第一個入股。之後他還從親朋好友那裡借了錢，買四十隻母羊，每天從早忙到晚，用他的話說就是：「生活有了奔頭，再苦再累都樂意。」

如今，小南河村投資兩百萬元的現代化標準辣椒醬生產廠已正式建成。廠裡生產的「南河冷菊」辣椒醬，其味微甜、辛香，冬天蘸著它吃熱氣騰騰的大饅頭，吃得人暖暖和和，渾身直冒熱汗。僅此一項，就給村民們帶來了相當可觀的經濟收益。

作為一個攝影達人，冷菊貞具有一雙發現美的眼睛，她之前來小南河村采風的時候，就驚奇而又驚喜地發現，小南河村雖然是個窮村，但是它的地理位置獨特，一邊是烏蘇里江，一邊是大頂子山，還有兩條清澈山泉環繞著村莊，其優美如畫的風光，再加上古老原始的風貌，如村子裡保留完整的傳統生產生活習俗，老豆腐坊、老牛馬車和老式扒犁之類的運輸工具，以及那種老木刻楞房子的建築，所有這一切都使得小南河村具有獨特的關東風情。

如今天天在這裡摸爬滾打，冷菊貞越來越感覺到，如此優質的資源應該好好利用起來才對，換句話說，如果能將小南河村打造成一個

小南河村標準化辣椒醬廠和標準化生產線

集觀光、攝影、農家樂為一體的攝影旅遊基地，大力發展特色鄉村旅遊，應該是一個不二選擇。

然而當冷菊貞召集村兩委班子開會，提出大力發展特色鄉村旅遊這個設想的時候，卻遭到了一部分人的反對：「這不是扯嗎？這樣的窮犄角旮旯兒，誰會來這旅遊啊？」

這天晚上，冷菊貞在她的駐村幹部扶貧日記裡畫下了一個又一個問號，畫著畫著，她腦海裡突然靈光一閃，有了主意。

第二天是二○一五年的臘月廿七，冷菊貞自己拿出墊付資金，然後給村兩委幹部安排工作：一部分幹部帶人去城裡購買近五百個紅燈籠，再購置仿古花布、年畫、窗花等裝飾品；冷菊貞與另外一部分幹部，則分頭走進每家每戶，一起帶著鄉親們編苞米串、貼窗花、掛燈籠，裝扮民俗老屋⋯⋯

所有這些工作全部完成之後，冷菊貞就帶上自己的相機，頂著零下20°C的嚴寒，爬上了大頂子山，然後把小南河村的冬天美景，充滿濃郁老關東味道的民居，尤其是大紅燈籠高高掛的夜景都一一拍攝下來，再精心製作成照片和視頻，發到她的朋友圈和微信群、QQ群

裡。

緊跟著，冷菊貞又建起了小南河村的第一個微信群，同時將小南河村停了十多年的秧歌隊重新組建了起來。

大年三十，冷菊貞又提上相機，挨家挨戶去給鄉親們拍全家福，與建微信群一樣，她感覺自己用鏡頭拍下的，不僅僅是一張張笑臉，也是她與鄉親們建立起來的一份份真摯而又熱絡的情誼。

大年初二，三十多個浙江蕭山客人，來到了小南河村。這是一群攝影愛好者，他們還沒有進村，就被這裡的一切深深吸引，隨身帶的行李還沒有安置下來，就打開相機的鏡頭蓋，開始哳嚓哳嚓按動起快門來。

對於小南河村人來說，這是他們接待的第一個旅遊團隊，不用冷菊貞多說，全村上上下下都非常齊心，能做的與該做的，基本上是一呼百應。

冷菊貞（右二）和小南河村的幹部、村民研究房屋外觀改造

小南河村最美夜色，百盞紅燈亮起來

　　送走了浙江客人，冷菊貞鬆了一口氣，心裡也有了底氣。咋樣，不是說窮犄角旮旯兒沒人會來嗎？這是不是叫事實勝於雄辯啊？

　　然而，當冷菊貞再次在村兩委班子會上強調「綠水青山就是金山銀山」、「冰天雪地也是金山銀山」，再次提出做大做強旅遊產業這個發展思路的時候，卻仍然出現了不少雜音，有的甚至說，這是冷書記的朋友專門來給冷書記捧場的。

　　看來這個小南河村還真是不好整啊。

　　當天晚上，冷菊貞再次在她的駐村幹部扶貧日記裡畫下了一個又一個「？」，畫著畫著，村裡黨員幹部的一張張面孔，就像過電影一樣，開始在她眼前一個個清晰閃過，當一個名字叫董連營的和一個名字叫馬莉的熟悉面孔出現在她眼前時，她分別幾次按了「暫停鍵」，並在日記本上一筆一畫地寫下了他們的名字。這兩個人，一個是黨員，另一個是預備黨員，他們待人熱情，工作積極主動，尤其是董連營，當村裡提出要建標準化辣椒醬廠，必須佔用他家門前的那四畝多地的時候，大家都以為他不可能同意，甚至會阻攔和反對，沒想到，

冷菊貞找他一說，他就非常爽快地答應了。爲了集體利益而勇於犧牲個人利益，這才是一個共產黨員應該具備的基本品質，更是眞正實踐「不忘初心，牢記使命」的具體體現，這樣的人，才是冷菊貞開展扶貧工作所必須依靠的骨幹力量，也是今後村領導的重點培養對象。冷菊貞把這些想法統統寫進了她的駐村幹部扶貧日記裡。駐村幹部扶貧日記是每一個扶貧幹部的標配，它既是扶貧幹部每天的工作記錄和工作總結，也是上級部門考核扶貧幹部工作成績的一個重要參考依據。

寫完當天的扶貧日記，冷菊貞突然意識到，想要讓小南河村眞正打好打響旅遊產業這張牌，僅靠自己單兵作戰顯然很困難，必須爭取獲得上級領導部門的理解和支持，用戲文裡的話說，就是必須「請到一把尚方寶劍」，這項工作才能不受阻礙地全面開展起來。這樣想過以後，她就立刻開始起草《大力發展小南河村特色鄉村旅遊規劃意見書》，完成之後，又經過了幾次認眞修改完善，最後才將這份意見書送到了饒河縣扶貧辦。

說來也巧，幾天之後，也是在寫扶貧日記的時候，冷菊貞偶然翻看年前剛剛拍攝的那些照片，她的目光突然停留在那些村裡保存完好的老牛馬車和老式扒犁上面，看著看著，她突發奇想，每年的農曆二月初二，是我國民間的傳統節日，有稱「開耕節」的，有稱「龍頭節」的，還有稱「春龍節」的、「農事節」的……如果能夠在村裡舉辦一場既別開生面又獨具東北特色的民間傳統活動，肯定可以借此大大提高小南河村的知名度。

二○一六年的農曆二月初二，小南河村的第一屆開耕節如期盛大開場，活動現場有農耕祭祀，有舞龍表演，更有搓苞米、備種子、耕牛犁地、放炮鬧耕、在地頭扭大秧歌及跳大繩、拔河、篝火晚會等一系列互動狂歡節目。活動引來了各路媒體記者和大批攝影愛好者，中央電視臺新聞頻道專門報導了小南河村首屆開耕節的盛況，饒河縣人民政府更是下發紅頭文件，將每年的農曆二月二確定爲小南河村的開耕節，小南河村一下子「火」了起來，深圳的一家旅行社還因此專門將小南河村納入了旅遊線路。

「烏蘇里江來長又長，藍藍的江水起波浪⋯⋯白雲飄過大頂子山⋯⋯」

冷菊貞這時候站在大頂子山下，再唱這首《烏蘇里船歌》，心裡不僅充滿了底氣，更充滿了一股豪氣。

小南河村的知名度打出來了，冷菊貞需要的尚方寶劍也請到了，她可以放開手腳，帶領鄉親們將小南河村打造成一個真正集觀光、攝影、農家樂為一體的攝影旅遊基地了。

「二月二開耕節」告一段落了，但後面還有「五一三天樂」，還有「端午一日遊」，還有「七夕乞巧節」、「中秋情」等，這些節日活動，只要辦得好，只要辦出名堂，辦出特色，辦出獨一無二，都是

冷菊貞（右）在小南河村的民俗節上

小南河村百畝向日葵花海

吸引客人的金字招牌。客人如潮湧來，與之相配套的吃住行，尤其是富有東北地方特色的農家樂也必須同步跟上。另外，客人走的時候，還應該讓他們帶上小南河村的冷菊辣醬、大棚反季節蔬菜……

　　總之，「吃、住、遊、娛、購」必須形成完整的服務鏈條。

　　總之，這林林總總的一切，都是冷菊貞必須想到和做到的工作。

　　對了，這其中至關緊要的就是要營造出特色鮮明的老關東氛圍，村裡的老木刻楞房子、酒坊、油坊、豆腐坊等，能夠真正體現東北風情的古老原始民居，以及傳統生產生活習俗，不僅要恢複，而且要修舊復舊，還其老關東原汁原味的本來面目。

　　為了讓遊客玩得開心，玩得盡興，冷菊貞又別出心裁地組織村民用鐵鍬在大頂子山的山坡上挖出一條扒犁雪道，再把經過重新修整過的老牛馬車和老式扒犁搬過來，讓村裡的老騾子套上扒犁，遊客坐上

去之後，那叫一個新鮮和刺激……

什麼叫投資？這就叫投資。

正是因為有了這樣的先期投資，這個昔日古老但非常貧窮的村子，才會一下子變成攝影愛好者的樂園，成為他們的「網紅」打卡地；一家藥企，才會在小南河村一次性流轉三百畝土地建立藥材基地，才會給小南河村帶來七十萬元的增收項目……

正是因為有了這樣的先期投資，到小南河村的遊客才會絡繹不絕，小南河村的人均收入才會迅速過萬，小南河村的貧困戶才會很快全部脫貧，昔日的偏遠山村，才會成為脫貧攻堅明星村，才會列入「全國鄉村旅遊重點村」之列。

10. 李保國：太行山上的新愚公

巍巍太行山，浩氣傳千古。

太行革命根據地是中國革命史上的一塊豐碑。在國家和民族處於生死存亡的危急時刻，中國共產黨人領導的太行兒女勇敢頑強、不畏艱難、百折不撓、前赴後繼、勇於犧牲、樂於奉獻，這種革命英雄主義的太行精神，是數千年來中華民族精神的積澱和延續，更是博大的民族之魂。正是這種民族之魂的代代相傳，才孕育了一代又一代的太行好兒女。

二〇一九年九月十七日，國家主席習近平簽署主席令，授予九人「人民楷模」國家榮譽稱號，其中的李保國是河北省武邑縣人。武邑縣位於河北省東南部，屬於河北省中南部平原，所以李保國不是太行山人，但他卻把一生的熱血都灑在了太行山上，把他寶貴的一生都奉獻給了太行山的脫貧攻堅，同時更把他五十八歲的壯麗年華，永遠定格在了他為之「生命不息，奮鬥不止」的科研脫貧攻堅事業上，從這個意義上說，他又是名副其實、真真正正的太行好兒女中的一員。

一九七七年，國家恢復高考制度的第一年，李保國考入河北林業專科學校（今河北農業大學）桑蠶專業，畢業後即留校任教。他身高一米七左右，皮膚黝黑，加上穿著隨意，在一般人眼裡「他長得像農民，穿得像農民」，很難將這樣的形象跟一個學者教授相掛鉤，但他卻恰恰就是一位如假包換的大學教授，一位才華橫溢、學以致用的中國知名經濟林專家和山區治理專家。他先後出版了包括《綠色優質薄皮核桃生產》在內的專著五部；發表包括《果桑花芽分化觀察》在內的學術論文一百餘篇；作為學科帶頭人，李保國承擔了四門博士研究生課程和四門碩士研究生課程以及三門本科生課程，先後帶過六十七

名研究生。他完成了山區開發研究成果二十八項，推廣了三十六項林業技術，示範推廣總面積達一千零八十萬畝，累計應用面積達一千八百二十六萬畝，累計增加農業產值達三十五億元，純增收達二十八‧五億元，從而建立起了太行山板栗集約栽培、優質無公害蘋果栽培、綠色核桃栽培等技術體系，同時培育出多個全國知名品牌，走出了一條經濟社會生態效益同步提升的扶貧新路，被廣大山區群眾親切地稱爲「科技財神」、「太行山上的新愚公」。

作爲中國經濟林的學科帶頭人，李保國開設的課堂大部分時間不是在高樓林立的教室裡，而是在田間地頭，在光禿禿的大山上，在苗木果樹的培植現場。用他的話說就是：「搞科研就要像農民種地一樣，春播秋收，腳踏實地。紮不進泥土地，就長不成棟樑材。」

有人做過這樣的統計，李保國從事教學、林地科研三十五年多，其中有十七個年頭是在太行山上度過的。

李保國的助手也是李保國的弟子——河北農大的齊國輝教授這樣評價自己的老師：「作爲一名大學教授，老師他一年兩百多天紮在山裡，因爲他始終堅持一個理念————生產爲科研出題，科研爲生產解難。保國老師常說：『百姓需要什麼，我就研究什麼。』」

李保國留校任教不久，正趕上學校決定在太行山區建立產學研基地，品學兼優的李保國被選爲首批課題攻關組成員。這一年是一九八三年，他與妻子郭素萍打點好行裝，就帶上不滿周歲的兒子，一起走進了太行山，來到了邢臺縣的前南峪村。郭素萍跟李保國是同屆同學，畢業後又一起留校任教，他們真正是一對珠聯璧合、志同道合的比翼鳥。

前南峪村人均六分田、七畝山，山上最多的是石頭。放眼望去，幾乎就是一座座石頭山，基本上是年年種樹不見樹。「山是和尚頭，下雨遍地流，沖毀河灘地，十年九不收」。一段順口溜，把這裡的一切概括得一清二楚。

針對這一具體情況，他們夫妻二人一個實地勘察採樣，一個做數據分析，然後再一起共同把脈，共同進行反復綜合研判，最終得出的

診斷結論是：土層土質瘠薄、涵水性能差。開出的藥方是：採取爆破鬆土、山中造地和挖溝修庫等聚集土壤和水流的辦法。

土加厚了，水留住了，樹木成活率從原來的10%一下子提高到了90%。前南峪村之後的林木覆蓋率更是達到90.7%，植被覆蓋率達到94.6%，獲得「全球生態環境建設五百佳」提名獎，並被譽為「太行山最綠的地方」。

李保國長得土，穿得土，卻滿肚子學問，又特別書生意氣，還是個有名的槓頭。

在前南峪村的時候，李保國一邊治山，一邊主動提出要指導村民如何管理蘋果樹。沒想到他剛一開口，就碰到了對手。一位生產隊老隊長問他：「你哪一年出生的？」李保國回答：「我一九五八年出生的。」老隊長嘴一撇：「我一九五六年就開始種蘋果管果園了，就憑你？」

李保國愛較真的勁上來了：「你先給我一百棵樹試試看。」

李保國（前左一）在河北省內丘縣崗底村向村民傳授果樹修剪知識

一百棵樹對於一個村子來說，不傷筋不動骨，一百棵就一百棵。

在村民普遍持懷疑觀望態度的情況下，李保國拿著一把大剪刀，開始修剪、維護他手裡的那一百棵蘋果樹……一年之後，經他手修剪、維護和管理的蘋果樹結出來的果子不僅大，而且顏色好、味道正。拿到市場去賣，竟然賣兩塊五一斤還供不應求，而市場上的其他蘋果普遍只能賣到三四毛錢一斤。

俗話說得好，不怕不識貨，就怕貨比貨，兩者一對比，村民們紛紛給他蹺起了大拇指，紛紛來找他取經了，他的名字也變得高山打鼓，越來越響亮了。

一九九六年八月，一場特大暴雨席捲太行山，邢臺市內丘縣侯家莊鄉崗底村被暴雨洗劫得遍地狼藉，全村僅有的兩百五十多畝耕地全部被沖毀。見到隨科技救災團一行來到崗底村的李保國時，崗底村黨支部書記楊雙牛眼眶濕熱，滿臉凝重。李保國當時的心情也很沉重，他沒有跟楊雙牛多說什麼，只是留下了自己的聯繫電話囑咐道：「如果有需要的話，可以隨時聯繫我。」

不久之後，楊雙牛果然給李保國打了電話，電話裡楊雙牛說得很直接，他想請李保國來為他們村種蘋果。李保國答應得也很乾脆，只要是為了治山治土，他都義不容辭。

再次來到崗底村，李保國突然感覺眼前一亮：這才過去多長時間啊，被大水沖毀的許多基礎設施已經基本修復，道路也已經基本暢通。再看崗底村的整個發展規劃，李保國越發覺得，這個村的當家人不簡單。那一刻，李保國的心裡竟然不由自主地產生了「英雄惜英雄，好漢惜好漢」的豪邁感覺。在討論如何把蘋果種植業做成一個產業的時候，李保國和楊雙牛兩個人的想法竟然又是不謀而合，都主張成立集生產、服務、銷售為一體的合作企業。

就這樣，在李保國與楊雙牛的共同努力下，崗底村很快成立了河北富崗食品有限責任公司，並申請註冊了「富崗」商標。

就這樣，為了「富崗」蘋果，李保國帶著他的科研團隊來到了崗底村。他不僅把家搬到了崗底村，也把他的課堂搬到了崗底村的田間

地頭。

　　爲了加快研發「富崗」無公害蘋果的栽培配套技術，李保國將大量的時間留給了崗底村，經常吃住在崗底村。他白天鑽果園、查看果樹生長情況，晚上再上山用黑光燈測報蟲情，然後再根據採集到的數據，進行分析研究，找到解決問題的具體方案，最終開發了「富崗」蘋果生產的一百二十八道工序，眞正實現了優質無公害蘋果生產的標準化，帶動了當地優質蘋果產業的發展。

　　然而，李保國在給村民推廣這一道道蘋果培植管養技術時，卻遇到了難題。他明明在全身心地傳授林果生產實用技術，在手把手教果農如何疏花如何疏果，聽的人心裡卻始終在嘀咕：「聽李老師的，他秋後一拍屁股走了，賠了算誰的？」他明明在手把手教果農如何給蘋果套袋，卻還是有人懷疑：「蘋果套上袋子，萬一爛了咋辦？」

　　怎麼樣才能讓果農安心放心地跟著幹呢？村黨支部書記楊雙牛急得到處向村民喊話：「大家都必須聽李老師的……」

　　可是沒用。李保國也急了，乾脆自掏腰包，拿出五萬元買來了三十五萬個蘋果袋，同時做出承諾：「套袋賠了是我的，賺了是大家的。」

　　村民這下無話可說了，都按照李保國教他們的方法，開始給蘋果一個一個套上了袋子。到了秋後，再拿套袋與沒套袋的果子一對比，果農的眼睛都亮了，也都徹底服了，套袋後的蘋果無論外形還是口感，都比沒有套袋的好上幾倍。崗底村出產的「富崗」蘋果甚至創造了一只賣一百元的紀錄，二〇〇七年，崗底村的人均年收入已達10516元，成爲河北省內知名的小康村。李保國也因此成了崗底村的「榮譽村民」。

　　榮獲第八屆中國「光彩事業國土綠化貢獻獎」的綠嶺集團董事長高勝福，在談到他的企業發展之路時，首先提到了李保國，他說，作爲國家級扶貧龍頭企業，綠嶺公司能有今天，首功應該歸於「太行山上的新愚公」——李保國教授。

　　「是李保國老師幫我成就了綠嶺。」

高勝福這樣回憶他的創業之路。他原本在臨城有一份穩定的工作，一九九九年，作為黨員的他積極回應臨城縣「開發荒山」的號召，與他人合夥在鳳凰嶺首期承包了三千多畝荒崗，但這裡一無土，二無水，屬於洪水沖積多礫石崗地。種什麼？怎麼種？他心裡根本沒有底。後來經人介紹，他找到了李保國。

經過反復勘測和論證，李保國最終給出的結論是：「這兒的土質中性偏鹼，鈣質豐富，非常適宜栽種薄皮核桃。」

在鳳凰嶺種薄皮核桃？

簡直石破天驚，聞所未聞。

俗話說「桃三杏四梨五年，要吃核桃得九年」。在太行山一帶，核桃樹大多自然生長在山溝裡、岸崖邊，從來沒有人大規模種植，更別說是在一片礫石荒崗之上。高勝福和他的合夥人猶豫再三，最終還是選擇了相信李保國。

然而，荒開了，樹栽了，幾年不見成效不說，投進去的資金卻越來越多，簡直成了一個無底洞，合夥人受不了了，紛紛找高勝福退股，高勝福自己也一度動搖了。這時候，李保國鼓勵他：「請你想一想，讓荒崗禿嶺變成種滿薄皮核桃的綠嶺，那是一件多麼有意義的事兒啊。」

「行，就聽你的。」

高勝福不僅堅定了走下去的信念，還把公司正式定名為「綠嶺」。

為了讓薄皮核桃真正成為造福一方的富民產業，李保國從此帶領他的團隊紮根臨城。不僅如此，他還從國內外引進了二十四個優良核桃品種，再從中精心繁育出以綠字命名的「綠嶺」、「綠早」等豐產優質核桃品種，然後與綠嶺公司一起，最終成功探索出太行山淺山區荒山綜合治理模式、核桃矮化密植管理技術以及樹草牧沼立體生態種養模式，讓荒崗禿嶺實現了每畝五千元以上的高收益。

二〇一二年以來，綠嶺公司又投資三·八億元建成了核桃綜合深加工專案，開發出核桃乳、烤核桃、核桃奶片、核桃油、核桃肽、核

桃膠囊等六大類三十多個產品，每年加工核桃原果兩萬噸以上，銷售收入近十億元。

李保國的身影不僅時常出現在太行山的每個角落，他還有繁重的教學任務要完成，要給本科生上大課，要指導碩士生、博士生的學業，自己還要撰寫科研論文和科研著作。強將手下無弱兵，作為學科帶頭人，李保國言傳身教，桃李滿天下。他的學生湯軼偉，顛覆了核桃樹冬季修剪的傳統做法，將剪枝時間確定在春季發芽前的二十天以內，避免了因剪枝時間不當造成營養流失，這一創新成果被寫進了教科書；學生史薪鈺，在平山縣葫蘆峪從事坡面結構穩定的影響因素研究，取得了當年治理、當年坡面穩定的效果，該研究成果已在全省推廣……

李保國的妻子、河北農業大學林學院研究員郭素萍常說，他們夫婦有三個「家」，一個在各個幫扶基地、扶貧點，這是他們待的時間最長的「家」；一個是常年負載他們穿行在學校與山區之間的越野車上；而在保定農大的這個家，他們幾乎很少住……

一九九八年，李保國患上重度糖尿病；二〇〇七年，李保國又患上重度疲勞性心臟病。醫生在瞭解李保國的職業特徵之後，鄭重其事地給他開出了藥方：「把你的課堂搬回城裡來吧，你的身體不適合每天山路顛簸。」

李保國卻呵呵一笑：「活著幹，死了算。」

沒想到，李保國的這句話，卻一語成讖。

二〇一六年四月十日，李保國因心臟病突發，搶救無效，永遠離開了他的家人、他的學生、他的太行山裡的鄉親們……

回顧李保國的一生，他的愛人郭素萍幾度哽咽：「今年春節過後，他就肉菜都吃不下，每天只能就著鹹菜吃幾口米飯，一下子瘦了十幾斤，臉色黑黃……可是一到山裡，他就跟好人兒似的，什麼都忘了。」

二〇一六年十月二十四日，河北省市各界代表，李保國同志親屬、學生，河北農大學校代表及自發趕來的附近村民代表，一起在邢

台市內丘縣崗底村的鳳凰嶺上，為李保國同志舉行了莊嚴的骨灰安放暨銅像揭幕儀式，讓這位太行好兒女從此永遠與太行山相伴。李保國銅像正面，四周蘋果樹環抱，坐北朝南的紀念碑主體為旗幟造型，左側為黨旗，右側是習近平總書記對李保國同志先進事跡做出的重要批示：

「李保國同志堪稱新時期共產黨人的楷模，知識份子的優秀代表，太行山上的新愚公。廣大黨員、幹部和教育、科技工作者要學習李保國同志心繫群眾、紮實苦幹、奮發作為、無私奉獻的高尚精神，自覺為人民服務、為人民造福，努力做出無愧於時代的業績。」

11. 李朝陽：用產業升級實現脫貧

二〇一七年，榮獲「全國脫貧攻堅獎貢獻獎」，並於同年十月榮登「中國好人榜」的李朝陽，是個標準的八〇後，長得人如其名，朝氣，陽光，兩片鏡片後面還透露出一股書卷氣。

與陳望慧、黃文秀、藍標河等人不同，李朝陽雖然也生在農村，長在農村，但他從小到大的成長經歷，幾乎沒有什麼起伏和波瀾。憑藉自己的聰明勤奮，李朝陽通過十年寒窗苦讀考取了大學，大學畢業幾年之後，又憑藉自己的聰明才智，通過國家公務員招錄考試，成為安徽省民委（全稱安徽省民族事務委員會）的一名公務員。

然而有一點，他們卻永遠都是相同的。那就是，他們都是優秀的共產黨員，他們都把對黨的忠誠融化到了自己的血脈之中，他們都把黨的事業當成自己為之不懈努力奮鬥的人生目標，他們都是共產主義的先鋒戰士。

二〇一二年到二〇一四年，李朝陽圓滿完成了他在淮南市謝家集區孤堆回族鄉楊鎮村第一書記的任期，讓楊鎮村摘掉了長達十一年之久的「後進村」帽子，從此走上了一條致富之路。

剛剛凱旋的他，獲悉省民委被指定的幫扶點轉換到池州市石台縣河口村，需要選派一名黨總支第一書記兼駐村扶貧工作隊隊長，他又主動請戰，要求接過這副擔子。省民委經過反復綜合考量，同意了他的請求。

就這樣，李朝陽又踏上了他的扶貧之路。

河口村，是一個距離石台縣城三十九公里的偏遠山村。全村十七個村民組，四百二十三戶，一千六百零八人，二〇一四年建檔立卡的貧困戶就有一百四十一戶，四百一十三人。

到任第一天，李朝陽就讓村幹部陪同，先去離村部最遠的石馬塘村民組。那時候天上下著雨，平常到石馬塘村民組的山路就不好走，雨天崎嶇泥濘，就更是難上加難。村幹部說，咱們還是改天再去吧，李朝陽卻笑著搖了搖頭。

山裡的空氣真好，落到傘上的雨點，彷彿絲竹管弦琴瑟簫笛的吹拉彈唱。

這種感覺真好。

但走著走著，這種感覺就漸漸被雨淋濕了。平原上長大的李朝陽，第一次冒著雨走兩個多小時崎嶇泥濘的山路，好不容易走到石馬塘村民組的時候，早已經累得氣喘吁吁。這個村民組只有十四五戶人家，總人口只有四十多人。最突出的問題就是道路不暢，小孩上學難，老人看病難，農副產品運出難，生活必需品運進難，這是石馬塘的痛點，也是堵點。走訪完幾個重點貧困戶，對整個村民組的情況有了一個大概的瞭解之後，李朝陽正準備離開，此時貧困戶王重陽大姐偏偏又攔住去路，給了李朝陽一個下馬威：

「石馬塘的情況你大書記也已經聽到了，看到了，剛才跟你說的修路的事情，如果沒有眉目，得不到落實，你今後就不要再來了。」

當著眾人的面如此直言不諱，不留情面，別說李朝陽，就是陪同的村幹部，都感覺非常尷尬。可是細想一下，這也是一句大實話。當天晚上，李朝陽就把這一情況認認真真地寫在了自己的駐村幹部扶貧日記上。

接下來一段時間，李朝陽將全村十七個村民組全部走了下來，他在自己的駐村幹部扶貧日記上寫道：「河口村不僅要修路，村民的飲用水，許多的基礎設施，包括橋樑、攔河壩、防汛堤等，也都要重新修建和加固。」

修路、基礎設施改造建設等都需要錢，而且是很大的一筆錢，錢從哪兒來？積極申報「安徽省農村公路暢通工程」專案，再向上面申請扶貧貸款，這是一條最佳途徑，但請有關專家一匡算，一核計，光靠這條路還不行，還不能從根本上解決問題。那就「兩條腿走路」，

一方面積極爭取政策幫扶，另一方面緊緊依靠和依賴本單位省民委這個堅強後盾，省民委主任孫麗芳就曾經跟李朝陽說過：「你記住了，河口村扶貧，不是你一個人在戰鬥。」另外一方面就是求助社會力量來給予大力支援。求助社會力量，就必須自己親自去「化緣」。

這「化緣」二字，說起來簡單容易，做起來卻太難。爲了扶貧事業，再苦再難李朝陽也在所不辭。

二〇一六年，投資一百多萬元的石馬塘公路終於開工建設。李朝陽整合「安徽省農村公路暢通工程」專案獲批的資金和其他扶貧資金，將這條公路和其他公路連接了起來。二〇一七年，困擾石馬塘世世代代村民的這條公路終於暢通，村民行路難的問題得到了徹底解決。

三年時間裡，李朝陽跑斷腿，磨破嘴，最終籌得了足額資金，完成了河口村的修路和基礎設施改造建設，讓村民喝上了乾淨的自來水。

說到底，修路和基礎設施改造建設，基本上屬於扶貧「輸血」工程，想要讓貧困村真正擺脫貧困，還是要在「造血」扶貧上下大功夫，花大力氣。

記得第一次去石馬塘村民組的路上，當村幹部向李朝陽介紹石馬塘村民組有兩兄弟桂來勝、桂來元是養牛大戶時，他興奮不已，當即要求先去養牛大戶家，誰知到了兩兄弟家才發現，所謂的養牛大戶，總共才養了五頭牛，李朝陽當時感覺哭笑不得。但之後回過頭冷靜仔細一想，他很快就感覺到這裡面大有文章可做。

再次來到桂來勝、桂來元兩兄弟的家，李朝陽就直奔主題：「你們養了這麼多年的牛，有技術有經驗，你們有沒有真正想過擴大養殖規模，真正靠它來發家致富，讓一家人都過上好日子？」

桂來勝憨憨一笑：「想肯定想過。」

李朝陽緊接著又問：「如果村裡讓你們帶頭，成立一個生態黃牛養殖合作社，讓村裡的貧困戶也加入進來，真正擴大黃牛養殖規模，你們願不願意？」

李朝陽（右）在村黃牛養殖合作社調研衛生防疫情況

桂來元也跟著憨憨一笑：「這需要本錢，還需要技術。」

聽了兩兄弟的回答，李朝陽心裡有底了。

沒有錢可以找信貸支援，沒有技術可以請專家培訓。爲了讓這個生態黃牛養殖合作社盡快成立起來，李朝陽立刻開始四處奔波，逐項落實。一向樸實穩重的桂來勝、桂來元兩兄弟被感動了，也心動了。

生態黃牛養殖合作社成立後，李朝陽又積極奔波，爲他們申請了小型安全飲用水項目，對牛棚改造給予了一定的資金補貼，還專門從淮南請來養牛專家，給予他們技術上的支持輔導。桂來勝、桂來元兩兄弟也知恩圖報，致富不忘鄉鄰，不僅鼓勵村子裡的其他人跟著他們一起發展黃牛養殖，還免費傳授黃牛養殖技術，解決貧困村民在養殖上遇到的各種問題。

如今，桂來勝、桂來元兩兄弟的生態黃牛養殖合作社已經養了一百四十多頭黃牛，並形成了輻射帶動作用，成功帶動二十多戶貧困戶脫貧，他們也因此成了名副其實的養牛大戶。

俗話說得好，只要思想不滑坡，辦法總比困難多。

李朝陽在幫助桂來勝、桂來元兩兄弟建好生態黃牛養殖合作社的同時，又多次找村幹部徐年發談話，希望他可以牽頭成立秸稈食用菌種植合作社。

徐年發有點猶豫不決：「我只種過幾天黑木耳，菌菇類的東西，我一點都不懂啊。」

李朝陽眯眯一笑：「當年你跟浙江老闆種黑木耳不也是什麼都不懂嗎？」

「那時候是窮怕了……」

「你現在的日子是好過了，可咱們河口村還有這麼多鄉親過著苦日子，你為什麼就不能帶個頭？」

二〇一四年十月，在李朝陽的積極謀劃之下，河口村秸稈食用菌種植合作社正式成立，徐年發成為這個合作社的負責人。其具體的運作模式是：根據各人的出資多少確定入股比例，出不了錢的，則按照出讓承包土地多少來折算入股比例，再有就是像夏光和這樣的貧困戶，只要願意加入合作社，李朝陽就給他們申請辦理小額扶貧信用貸款，讓他們拿著這筆小額扶貧信用貸款作為入股資金。合作社成員的具體分工，則是按照每個人的實際情況做決定，例如懂一點栽培技術的就負責搞生產，有一點生意頭腦的就負責跑銷售，有一點開車技術的就負責跑運輸……除了入股分紅，在這裡打工的，工資另外結算給付。

最初一個階段，很多貧困戶都顧慮重重，擔心搞小額扶貧信用貸款的錢會打水漂。貧困戶夏光和是在李朝陽的耐心勸說下，才從農村信用社貸了五萬塊錢小額扶貧信用貸款，成為合作社一名股東的。第一次分紅，夏光和得了五千多塊錢，打工得了一萬多塊錢，用夏光和自己的話說：「照這樣下去，我家的日子就有盼頭了。」

此後僅僅過去一年，夏光和家就摘掉了貧困戶的帽子，他本人還成了合作社的食用菌種植能手。

為了盡快建立產出示範效應，李朝陽在聽取省民委主任孫麗芳的

建議之後，決定立刻邁出關鍵的第一步，也就是開始種植「短、平、快」的平菇。

在這個過程中，李朝陽又與徐年發做了明確分工，徐年發負責建大棚以及採購種平菇所需的一切材料，李朝陽負責聯繫專家技術指導和對外銷售。

合作社當時的啓動資金非常有限，爲了節約成本，徐年發去縣裡買來報廢大棚，鋸掉底下鏽掉的部分，再找新鋼管重新焊接上。自製的簡易大棚試驗成功後，再讓其他人員照葫蘆畫瓢跟著做。

大棚建好了，平菇種植所需的一切材料也準備好了，此時李朝陽請的專家也到了。李朝陽請的這位專家叫魯中祝，她是淮南乃至安徽

李朝陽（右二）在村食用菌合作社查看香菇菌棒生長情況

李朝陽（左一）和村幹部一起查看村光伏扶貧專案

聞名遐邇的科技種菇能手。她從一九八五年就起步從事食用菌栽培，三十多年來她以科技為引領，先後在淮南市建立了四個食用菌示範基地，創辦了眞菌研究所，研發出十多個具有自主知識產權的食用菌新品種，並先後榮獲過安徽省、淮南市科技進步獎。

在魯中祝的悉心指導下，河口村秸稈食用菌種植合作社的平菇種植正式開始了。平菇的菌棒原料是棉籽皮、玉米芯、鋸末等。菌棒做好後，用高溫膜包起來，蒸兩天兩夜予以高溫殺菌，接著再冷卻一天，然後就可以在大棚裡進行接種了。所謂接種，就是把菌棒打開，把種子放進去，再用報紙包好兩頭，拿橡皮筋一一捆紮纏牢，這樣就可以等待最終出菇了。

十二月，產品出來了，可以收穫豐收的喜悅了。沒想到，原來敲定的承銷商卻因為資金出了問題，已經無法履行合同條款。平菇只能賣鮮貨，只能保存三至四天，超過四天就會化掉、爛掉。怎麼辦？情急之下，李朝陽連忙打電話給省民委主任孫麗芳，懇請她立刻幫忙聯繫合肥的蔬菜批發市場，以解燃眉之急。

省城合肥的情況雖然落實了，但李朝陽的一顆心仍然懸在半空

河口村美麗鄉村建設一角

中，他決定多管齊下。於是，他又立刻與鎮上的包村幹部李貴高、村
書記章文慶、村主任徐光明一起連夜出發，分頭趕往池州、蕪湖、銅
陵、安慶等地，要求大家四點鐘之前務必趕到當地的蔬菜批發市場。
這個鐘點正是大批發商進場上貨的時候，李朝陽當時趕赴的地點是銅
陵。到了那裡，他先是扮成進貨商，挨個跟商戶談價格、摸行情。心

　　裡有底之後，他才拿出自己的產品，直接跟批發商接觸洽談，結果
不僅將所有的平菇都推銷出去，還交上了朋友，打開了對外的一扇視
窗，建立了屬於他們的銷售管道和銷售市場。

　　生態黃牛養殖合作社、秸稈食用菌種植合作社的相繼成功，不僅
產生和發揮了很好的示範帶動效應，也進一步堅定了李朝陽「造血」

扶貧的信心和決心。在李朝陽的精心謀劃與不懈努力之下，河口村的生態富硒茶種植合作社、植保服務合作社、農機合作社等也相繼陸陸續續應運而生。

合作社第一次的平菇銷售，雖然最終化險為夷，但這次經歷也給李朝陽和徐年發上了一堂實實在在的風險教育課：平菇產品雖然週期短，見效快，但其中的風險也不能忽視，所以他們在接下來擴大產能的同時，開始有意識地增加了可烘乾、保質久、價錢高的香菇的產量。

二〇一五年秋天，李朝陽因在田間地頭奔波的時候，被一種叫隱翅蟲的昆蟲叮咬，身體出現大面積皮膚潰爛，醫生要求他一邊接受治療，一邊在家靜養。他卻正好利用這個治療期間，順利完成了平菇的商標註冊申報，並根據安徽省《關於實施光伏扶貧的指導意見》的相關要求，擬定了河口村光伏扶貧專案等一系列的文字申報材料，同時還與村兩委成員商定落實了生態富硒茶葉合作社的廠房選址，以及其他一系列亟待解決的問題。

從生態黃牛到食用菌到富硒茶，河口村的產業發展一步一個臺階，真正實現了以點帶面、以小見大，改變了以往小作坊式的分散生產模式，實現了規模化、現代化農業產業的轉型升級，從而真正提高了廣大村民——尤其是廣大貧困戶的「造血」功能和內生動力。

短短三年的時間，李朝陽就通過自己的不斷探索和不斷努力，讓河口村的貧困發生率從25.87%下降到1.74%。與此同時，他還利用幫扶經費建設村集體茶廠、盤活村裡的集體資產資源，培育管理集體林場、實施光伏電站項目，最終使村集體經濟實現了從無到有的轉變。村集體經濟有了積餘，李朝陽立刻開始實施「村容村貌」、「人居環境」的綜合整治，並通過舉辦「河口村為民服務之星」、「河口好人」、「河口十大最美女性」等一系列評選表彰活動，讓整個河口村人的精神面貌煥然一新，真正實現了「兩手抓，兩手都要硬」的兩個文明雙豐收。

二〇一七年，李朝陽在河口村的任期屆滿，正在他打點行裝，準

備返回省城合肥的時候，省城合肥卻給他寄來了一份特快專遞，打開一看，裡面有一份請願書。這份請願書是河口村兩百八十九個群眾聯名寫給安徽省民族事務委員會的，他們懇請省民委領導同意並轉告李朝陽，希望他能夠留下來再幹三年……

望著這份請願書，李朝陽的眼眶頓時變得濕漉漉的，他暗暗對自己說：「不為別的，就為鄉親們的這份情意，你也應該義無反顧地留下來啊……」

12. 李君：懷揣為民奉獻情懷

在中國這個國度，名字叫李君的成千上萬，但是獲得「全國脫貧攻堅獎奮進獎」、二〇一九年受邀參加國慶閱兵觀禮的李君，卻是獨一無二的。

李君一九八五年出生在四川省廣元市蒼溪縣的一個偏遠小山村，二〇〇三年，他考取了成都的一所大學。二〇〇八年，汶川大地震過後不久，他放棄成都的高薪工作，回到了他家所在的岫雲村，先是當村主任助理，兩年後村兩委換屆，他成功當選村黨支部書記，這一年他二十五歲。

在大多數人眼裡，他陽剛帥氣，聰明睿智，思想活躍，充滿了青春活力。然而，在他岫雲村的父母長輩眼裡，他卻還只是個稚氣未脫的娃娃，一個讀了幾年大學就不知道自己有幾斤幾兩的愣頭青，更有人揣測：多半是省城不好耍，才回來混日子的……

到了晚上，父母親關起門來問他：「你在成都到底耍得下耍不下？」

他點點頭。他在成都一家傳媒公司管著一大堆人一大攤子事，老闆給他開的年薪是十八萬，你們說他耍得下耍不下？

「既然耍得下，你為什麼要回來？你是不是腦子有問題啊？」

他笑笑，卻又欲言又止。

父母親窮追不捨：「說話呀。」

他只好直截了當回答：「為了一個共產黨員的理想信念。」

岫雲村位於秦巴山深處，面三‧二平方公里，距蒼溪縣城五十二公里，轄六個村民小組，共兩百六十四戶九百九十四人，其中貧困戶就有一百七十戶。汶川大地震發生之後，原本基礎就很薄弱的岫雲村，更是

雪上加霜，成了遠近聞名的「空心村」。在他當選村黨支部書記組織召開的第一次村兩委班子會上，根據實事求是的原則，也為了鼓舞大家的士氣，他把岫雲村貧困落後的根本原因，主要歸結為偏僻閉塞，交通困難。他最後總結說，要想從根本上改變這個局面，首先就要修路，這是當務之急。當他提出修路這個建議之後，大家都保持沉默。沉默的潛臺詞非常好懂：說得輕巧，誰不知道要想富先修路？修路需要錢，錢呢？說一千道一萬，搞不來錢，都是正月十五打燈籠──照舅（舊）。

「錢的問題我來想辦法。」

嘖嘖嘖，果然是後生可畏，不知道敢不敢立個軍令狀啊？

可以。

立下軍令狀，他就帶著寫好的扶貧申請報告，先到鎮上複印了數份，然後鎮裡、縣裡逐一遞交上去。這是尋求上級政府給予政策幫扶。從申請到批覆，中間需要一個等待過程。在這個等待過程當中，他就自掏腰包，坐車輾轉到了江蘇江陰的中國第一富村──華西村。

在華西村委會的辦公樓下，他苦苦等待了整整五天，最後終於等到了華西村黨委書記吳協恩。雖然最終沒有得到預期的援助目標，但吳協恩書記對李君敢想、敢幹、敢闖的精神勇氣給予了充分肯定和讚賞，讓他感覺收穫滿滿。

離開華西村，他又馬不停蹄地趕赴山西大寨村以及其他全國有名的富裕村，結果都是無功而返。回到成都，他沒有做任何停留，就又立刻趕去被譽為「西部華西村」的成都彭州的寶山村。

這一次，他同樣空手而歸。

寶山村的賈正方老書記，是中國的「保爾柯察金」，是李君心目中的英雄，更是他學習的好榜樣。二〇〇八年汶川大地震，彭州寶山村遭受的損失也很巨大，但寶山村人在賈正方老書記地震壓不垮我們致富的決心，能白手起家，就能從頭再來的這種精神指引下，短短幾年，寶山村就很快恢復了原貌，重現了昔日的風采。所以，他就是要去向賈正方老書記拜師學藝，去親身學習、感受、體會和領悟老書記身上所煥發出來的那股英雄氣概和寶貴品格。當然，他希望老書記能

給他傳經送寶的同時，也能給岫雲村修路提供資金支持。

有道是心誠交善友，品正遇貴人。通過前後十三次登門拜訪，他終於贏得了賈正方老書記的信任，得到了十萬元的資金資助。在此期間，當他獲悉嘉陵江亭子口水利水電開發有限公司在蒼溪縣境內，有一個重大的亭子口水利樞紐工程項目之後，他如獲至寶，立刻主動找上門去，同樣是精誠所至金石為開，通過他的不懈努力，最終成功達成嘉陵江亭子口水利水電開發有限公司與岫雲村的對口幫扶協議，商定了三年幫扶計畫。四百萬元的投資，加上國家政策扶持的配套資金，岫雲村修路的資金落實了下來……

這下，岫雲村人動容了，村兩委班子成員對他的信任也建立起來了。

人均兩百元的集資修路款，一戶不落，且沒有一戶拖欠；修路時，更是家家戶戶都參與，真正是有錢出錢，有力出力。經過上下齊心協力，共同努力，現在的岫雲村，全村村組道路硬化率已經達到了100%。

路修通了，下一步怎麼走？還走栽樹、種蘑菇之類的老路嗎？

樹還是要栽，蘑菇也還是要種，但要想讓岫雲村人真正走上一條致富之路，就必須開拓思維，就必須求新求變，就必須根據城裡人消費觀念的轉變，走一條創新發展之路。

大學生就是不一樣，說起話來總是窯上的瓦盆──一套一套的，但鄉親們要求的很簡單，你只要告訴大家接下來應該怎麼做就行了。

李君書記要求鄉親們接下來要做的也很簡單。

岫雲村全村九百九十四人當中，有四百八十多人在外務工，留在村裡的大部分都是老人孩子，以及身體患有這樣那樣疾病的一些人。根據這一現象，再結合家家戶戶都餵養大量雞鴨家禽這一特點，李君首先成立了秀雲土雞專業合作社，要求岫雲村所有人家全部加入這個專業合作社裡來，按照「支部＋協會＋農戶＋市場」的產業發展思路，合作社成員分工明確，有專人負責管理將岫雲村各家各戶散養的土雞、土雞蛋等，進行統一收集，統一包裝，也有專人負責統一品牌，統一運輸，統一銷售。

李君（中）檢查農戶的土雞蛋品質

　　李君爲此給大家算了一筆賬，以一隻土雞爲例，合作社以保護價一枚一‧五元收購土雞蛋，一隻雞年產蛋一百五十枚左右，一隻雞一年可爲養殖戶增加兩百二十五元收入，兩年後一隻老母雞可賣到兩百元左右。按照一般的老年人在家養殖十隻雞、十隻鴨計算，平均每年一戶可增收四千元左右，作爲基本沒有勞動能力的老年人來說，這是一筆不小的收入。

　　秀雲土雞專業合作社開始正式運作起來之後，他自己親自帶隊，一邊建立互聯網銷售平臺，一邊到蒼溪縣城、到成都開拓營銷管道和行銷市場，實施線上線下多措併舉的行銷策略，與此同時，他又開始精心構思謀篇，爲他下一個大手筆做好充分的準備。

　　那一天，他去了蒼溪縣扶貧辦。他首先自報家門，說他是白驛鎮岫雲村的黨支部書記李君，他這次來扶貧辦，是想請求領導給予扶貧幫助的。

　　領導笑了，蒼溪縣是國家級貧困縣，鎮村幹部來縣扶貧辦，打的

都是伸手牌。

「說吧，你想要什麼樣的幫助？」

李君微微一笑說：「扶貧工作早已經上升到國家戰略高度，但我始終認為扶貧不是給了錢就可以萬事大吉，而應該激發貧困人群的內生動力，即『授人以魚不如授人以漁』。所以，我今天來的目的是想告訴你們，岫雲村有豐富的生態農副產品，我想在岫雲村舉辦一場『遠山結親，以購代捐』活動。說更具體一點就是，通過舉辦這種活動，一方面能打通城鄉商品流通管道，能讓廣大愛心人士和愛心企業的付出得到及時的回報，另一方面能讓村裡人有尊嚴地脫貧致富。」

縣扶貧辦的領導聽完李君書記的這番講述，眼前頓時一亮，連說這個想法好，有創意，可操作性強，同時還具有很廣泛的引領作用和示範指導意義。

「不錯，真的很不錯。需要我們幫什麼忙，你儘管說。」

「我主要是想請你們幫忙為我們牽頭聯繫愛心企業與個人。」

在蒼溪縣扶貧辦的大力支持下，「遠山結親，以購代捐」活動如期在岫雲村舉行，活動請來了多家企業和無數的愛心家庭成員。活動現場擺放了土雞蛋、鴨皮蛋、老母雞、老鴨子、年豬、山羊等十餘種農產品。作為這次活動的組織者，李君首先代表岫雲村的父老鄉親，向所有前來參加這次活動的愛心人士表示了最衷心的感謝。在闡述這次活動的目的和意義時，他先講了一個抱著金飯碗討飯的故事，他說岫雲村和許多貧困山村其實都一樣，他們有資源，有自己的特色農副產品……說到這裡，他隨手拿出一隻雞，然後介紹說，岫雲村散養的土雞都是用玉米、紅苕藤等粗糧餵大的，沒有任何飼料添加劑，絕對綠色環保，又極富營養價值。一句話，他們手裡有好東西，但他們卻缺少向外溝通的管道，他們飼養的家禽，他們種植、採摘的各種山貨，都是標準的、一等一的生態綠色食品。所以，此次舉辦這樣的活動，就是希望通過「認親戚」這種方式，來建立這樣一條管道，一頭連接城市，一頭連接鄉村，讓全體受人尊敬的愛心人士在付出愛心的同時，能夠得到及時回報，能夠吃到美味，吃出健康，也讓擁有這些

生態綠色食品的鄉親們走上一條致富之路。

李君書記的講話熱情洋溢，極富感染力，參加活動的愛心企業和愛心人士紛紛採取「一對一」、「一對多」等多種方式結對認親，活動當場認購了價值五十六萬元的農產品，取得了較為理想的效果，也開創了一條獨具特色的扶貧新路。

這次活動的成功舉辦，確實起到了引領作用和示範指導意義。

在蒼溪縣扶貧辦的大力協調努力下，一個以岫雲村為中心，周邊十多個自然村為半徑的原生態產業扶貧發展聯盟很快宣告成立。這個聯盟通過與愛心企業結上扶貧對子的合作模式，開展企業預訂和訂單生產銷售的一系列措施。幾年下來，來自廣元、樂山、成都等三百餘家愛心企業與這個聯盟成員內的一千兩百餘戶結成了對子，為岫雲村及周邊村送上了價值兩千餘萬元的農副產品訂單。另據統計，二〇一四年至二〇一六年，蒼溪縣在「遠山結親，以購代捐」模式的帶動下，累計實現四十四個貧困村和五‧三萬人脫貧，貧困發生率從二〇一四年年初的14.8%下降到二〇一六年年底的6.8%，岫雲村也因此被評為四川省首批「四好村」。

在成功實現了「遠山結親，以購代捐」計畫的基礎之上，為了真正打響「生態岫雲」這個品牌，李君一方面把著力點放在建好「一品一家」這個電商平臺，真正實現線上線下多措併舉；另外一方面，又迅速在蒼溪縣城、在成都鬧市區推出了他的扶貧餐館——岫雲村湯館，以及蒼溪縣生態農產品線下銷售體驗中心。

在岫雲村湯館，消費者不僅可以大飽口福，吃到直接用山村出產的食材製作的酸水豆腐、韭菜炒鵝蛋、玉米饃、臘肉包子、米豆腐炒臘肉等鄉村美食，同時也為貧困山村奉獻了一份愛心，因為這一道道正宗美味的鄉村土菜背後，都有一個個感人的扶貧故事。

酸水豆腐所用的米豆腐，出自岫雲村五十三歲留守婦女何定瓊之手。她每月大概為岫雲村線下體驗店提供四百斤米豆腐，除去成本可以淨掙一千七百元。

鮮美的土雞湯則出自村裡殘疾人鄭榮華飼養的土雞，她家每年通

四川首家扶貧體驗餐廳——岫雲村湯館

過出售土雞收入一萬五千元。

韭菜炒鵝蛋所用的鵝蛋來自李廣榮、侯淑蘭夫婦飼養的優質土鵝，這道菜每年可爲他家帶來上萬元的收入。

甜香酥脆的玉米饃饃，出自蒼溪縣東青鎮六十四歲的貧困戶王林清老人之手。老人上有八十多歲患病的老父老母，兩個兒子又在外出務工時遭遇車禍成了殘疾，一個個不起眼的饃饃，關係著一家人的生計，老人做的玉米饃饃在當地售價1元一個，岫雲村線下體驗店按一·五元一個包銷，一個月銷售兩千五百個饃饃，除去成本可以幫助王林清一家實現月收入三千元。

將美食美味與扶貧掛鉤，這個構思非常獨特，也很有創意，這是李君精心構思推出的又一個大手筆，也是這個扶貧餐館開出來的全部要義。

岫雲村傳統手工皮蛋

李君（左）和農戶直播帶貨

在這個岫雲村湯館以及蒼溪縣生態農產品線下銷售體驗中心，所有的食材和農副產品，都來自三百公里之外的岫雲村，所有的經營管理人員，包括所有的廚師，所有的服務人員，也都來自三百公里之外的岫雲村。他們所發出的共同心聲，其實也是他們的共同心願：「過去我們爲別人打工，掙的是血汗錢。現在完全不同了，我們現在是自己爲自己打工，我們付出的越多，得到的也就越多。所以我們每個人都很勤奮，都很努力，也都很希望『岫雲扶貧』這個品牌，能夠越打越響亮，能夠眞正成爲連接城市和山區農村的經濟紐帶和情感橋樑，就像我們李君書記說的那樣：讓更多的愛心人士吃到美味，吃出健康，也讓岫雲村人增加更多的經濟收入。」

根據酒香也怕巷子深的市場規律，李君除了在餐館食材、菜品製作、服務理念等各方面加強管理，力求精益求精，好上加好，同時還通過「互聯網＋」等多種新媒體平臺，不斷加強宣傳推廣力度，目前岫雲村湯館已經漸漸成了成都吃貨的網紅打卡地，「飽了口福，獻了愛心，何樂不爲」是大家的共識。隨著這種共識越來越深入人心，岫雲村湯館以及蒼溪縣生態農產品線下銷售體驗中心的農副產品，也越來越受廣大消費者的青睞與追捧。

說起現在的岫雲村，李君很自豪：全村兩百六十四戶村民當中，存款在二十萬元以上的至少接近一百戶，開上小汽車的大約有一百八十戶，而十年前，岫雲村的年人均可支配收入不足兩千元。

不僅如此，在「岫雲扶貧」的示範帶動之下，周邊五十九個村、兩千八百八十二戶小農戶也已加入了岫雲村的品牌計畫之列。

「年輕人，好好幹。」

這是習近平總書記在成都市主持召開打好精準脫貧攻堅戰座談會時對李君說的話。

「這六個字對我來講，不僅是一種鼓勵，更是一種動力。」李君說，「下一步，我們要把扶貧體驗餐廳開到北京、上海這些大城市，希望有一天大家聽到岫雲村三個字，不再認爲這是一個村的名字，而是一個品牌。」

13. 李鵬：在沙漠上播種希望

　　二〇一九年「全國脫貧攻堅獎奉獻獎」獲得者李鵬，一九五一年出生在山西省呂梁山區的一個普通農民家庭，是家裡的獨子，十八歲參軍進入新疆，之後在新疆生活工作了近五十年，直至二〇〇九年光榮退休。

　　退休後，李鵬卻不顧家人的再三勸阻與極力反對，非要「雄關漫道眞如鐵，而今邁步從頭越」，他這一步「從頭越」，竟然就越到了距烏魯木齊一千四百多公里之外的和田地區策勒縣策勒鄉阿日希村。

　　策勒縣位於新疆和田地區東部，是古絲綢之路南路上的一個重鎮。策勒縣策勒鄉的阿日希村，則緊挨著塔克拉瑪干大沙漠。

　　塔克拉瑪干大沙漠位於塔里木盆地中心，是世界第二大流動沙漠。「塔克拉瑪干」，維吾爾語的意思爲「進得去出不來」，又稱「死亡之海」。這裡年均潛在蒸發量是降雨量的七十四倍，每年要抵擋幾十次沙塵暴的殘酷侵擾。歷史上，策勒縣縣城曾經因爲風沙侵襲被迫搬遷過三次。二十世紀八〇年代初，策勒縣二號風口和三號風口形成的沙包距離縣城一・五公里左右，而策勒鄉的阿日希村正好處於「三號風口」的最前沿。「和田人民苦，一天半斤土，白天不夠晚上補」，這句順口溜說的就是和田地區環境的惡劣程度，而策勒鄉的阿日希村則更是一個「沙包兩米高，溝有兩米深」的沙漠風口。

　　李鵬到這裡來幹什麼？

　　他要到這裡來種紅棗。

　　當李鵬隨著陪同人員一起，走進阿日希村黨支部書記麥提沙吾爾胡達拜爾地的家，鄭重其事地說明了自己的來意之後，麥提沙吾爾胡達拜爾地臉上的表情，除了錯愕還是錯愕，他一會兒面向陪同人員，

豐收的喜悦

一會兒面向李鵬，最終吐出極其驚愕的一句話：「我沒有聽錯吧？」

「你沒有聽錯。」

李鵬回答得非常認真又非常誠懇。他先簡明扼要地向麥提沙吾爾胡達拜爾地介紹了自己的人生經歷，緊接著又馬上言歸正傳，告訴阿日希村黨支部書記，他這次帶來了自己賣房所得的一百五十萬，加上他和妻子所有積蓄，另外再加上他從親朋好友那裡借來的錢作爲啓動資金。

麥提沙吾爾胡達拜爾地的眼睛濕熱了，一會兒又閃閃發亮了，他向李鵬微笑道：「啥也別說了，我這就帶著你去選地吧。」

將整個阿日希村走了一遍之後，李鵬最終選擇了三號風口最前沿的那一大片大約四百畝的沙丘地。

「你確定就選這裡？這裡可是倒上水都長不出莊稼來的地方啊。」麥提沙吾爾胡達拜爾地的臉上再次露出了錯愕的表情：「你賣了自己的房子，把自己的身家性命都拿到阿日希村來了，你爲啥不選一塊好地？」

李鵬笑笑：「你剛才告訴過我，阿日希村是全縣全鄉有名的深度貧困村，90%都是貧困人口，村裡的可耕地本來就少，稀罕得不得了，我再來占一塊好地，鄉親們的日子還怎麼過？」

「雅克西！」麥提沙吾爾胡達拜爾地情不自禁地給李鵬豎起了大

拇指。

　　「雅克西」在維吾爾語中的意思就是「好」。種紅棗的地方確定下來之後，李鵬就開始帶人平整那一大片沙丘地了。

　　所謂的沙丘地，其實就是一個又一個連綿起伏的沙包。四百畝的面積，工程量不算太大，但也不算太小。李鵬求勝心切，一下子投入了大量的人力、物力和財力，很快建成了一條簡易的機耕路，打出了幾口井，推掉了一個個沙包，最終一鼓作氣地將那一大片沙丘地都平整好了，緊接著就把買來的棗樹苗，嚴格按照種植要求栽種下去了。然而，讓他沒有想到的是，不到一個月，一次沙塵暴來襲，就把種下去的棗樹苗給全部掩埋掉了。

　　好不容易費時費工費錢費盡心血，結果卻是竹籃打水，前功盡棄。

　　李鵬懊惱不已。

　　前前後後冷靜地仔細一想，李鵬終於想明白了，他原來總以為，

剛退休時的李鵬開荒治沙種棗樹時的場景

阿日希村地處塔克拉瑪干沙漠三號風口，雖然風沙多、降水少，可鹼性沙質土壤、長時間光照以及懸殊的晝夜溫差，正適合棗樹的習性。但他卻偏偏忽視了一個最最基本的科學事實，那就是要想讓栽種下去的棗樹苗成活，還是必須先做好防沙治沙工作，而防沙治沙的首要前提也是重中之重就是要先種樹，先建防風林，另外還要挖渠修路。

按照他現在所選定的這一大塊紅棗種植地，最起碼要建一百畝以上的防風林。但是這樣一來，所需資金就遠遠地超出了當初的預算，也就是說，他當初砸鍋賣鐵帶來的這筆錢，顯然連種樹建防風林都不夠。

突然面對這麼大的資金缺口，李鵬的心裡不免打起了鼓，他開始矛盾和糾結起來：是不是自己一開始把事情想得過於簡單了？所以所做決定也太草率了？

決定沒有錯，錯的是做決定之前，把問題考慮得過於簡單了。

現在應該怎麼辦？

是迎難而上，還是打退堂鼓？

開弓沒有回頭箭，李鵬什麼時候當過逃兵？

那就只能再伸手去找親朋好友借了。但朋友再多，畢竟每個人積蓄有限，所以除了借這個途徑，另外還得再找一條管道，那就是去銀行貸款。

可是，到銀行貸款必須有抵押，你拿什麼做抵押？這又是擺在李鵬面前的一道難題。

轉念一想，一下子貸不來那麼多款，就不能邊幹邊投，滾動發展嗎？

無論如何，也要先把這個防風林建起來再說——挖渠修路當然也要同步推進。

選擇什麼樹種呢？

胡楊樹當然是首選，它素有「大漠英雄樹」之美稱，人們常稱贊胡楊為「沙漠的脊樑」，可是，購買這樣的樹種成本太高，只能退而求其次，選擇購買楊樹，相對而言，楊樹容易成活，生長也快，應該

是不二選擇。

這時候，阿日希村的黨支部書記麥提沙吾爾胡達拜爾地反過來找到李鵬：「之前你只要四百畝沙丘地，你看，它的四周都是一個沙包連著一個沙包，荒著也是荒著，不如都給你，至於土地出讓金，到時候看情況再定，我只有一個條件，無論是建設你的棗園，還是到最後給你的棗園招收工人，你都必須優先選用阿日希村的人，你看如何？」

這等於是給李鵬開出了最優惠的條件，李鵬當然樂意接受。

從購買楊樹種苗，到一棵棵地插栽種，再到澆水灌溉，觀察守護……每一個環節李鵬都要想到，都要事無巨細地親力親為。從他租住的那間簡陋的民房到那片在建的防風林帶，他每天要像陀螺一樣，從風沙當中來回不停地奔波著，忙碌著，操勞著，嚴重的腰椎間盤突出症，常常讓他疼得直不起腰來，但即便如此，哪怕拄根拐棍，他也

李鵬查看紅棗地附近的防護林情況

依然是風雨無阻——不，確切地說，應該是風沙無阻。

路是自己選擇的，既然已經走了，再苦再難，也必須走下去，也必須走到底。

因為太忙，一日三餐極沒有規律，經常飽一頓饑一頓的，使他原本就極差的胃，經常跟他鬧矛盾，最嚴重的時候甚至連膽汁都要吐出來。那一天，它更是以劇烈疼痛的方式向他提出了最嚴重的抗議，幸虧送醫及時，否則後果不堪設想。醫生給他檢查的最終結果是胃黏膜大面積脫落、胃穿孔先兆。

躺在醫院病床上，他想到的不是身體的疼痛折磨，而是他栽種的樹苗，他的紅棗夢。很多人對此不理解，很多人問他：「你這樣做究竟圖什麼？」

他神態自若地回答：「我想讓自己活得更有價值、更有意義。」

知道他底細的朋友接著又問他：「你們山西也有紅棗，也很出名，你為啥非要到策勒來種紅棗？」這句話，李鵬的老父親之前也問過兒子無數遍。

他每次給老父親的回答都是：「策勒，維吾爾語的意思即『紅棗』，而策勒出產的紅棗有『沙漠珍珠』之美譽，如果能夠從我的手裡種出更多的『沙漠珍珠』，那是一件多麼了不起的事情啊。」

老父親每次聽李鵬這樣回答，都點頭表示贊許，但李鵬的朋友聽了卻一聲歎息：理想很豐滿，現實很骨感啊。

這倒確實如此，如果追求夢想的路上都是一馬平川、一帆風順，沒有崎嶇坎坷，沒有艱難曲折，那「成功」二字，也就缺少了含金量，也就失去了追求的意義。

對於李鵬來說，那時候腰椎間盤突出症以及胃病帶來的劇烈疼痛，都算不了什麼，他所面臨的最大考驗，還是一年幾十次的沙塵暴。每次沙塵暴來襲，都是沙借風勢，眼睛根本睜不開，有時連站都站不住，然而越是這時候，他和他雇來的工人們，就越是必須頂著遮天蔽日的風沙，去一點一點清理幼苗上的落沙，像呵護孩子一樣給予精心照料和護理，以免影響它們日後的發育生長。

不僅如此，有時候遇到氣溫驟降，他還要裹著棉襖在那裡整夜守護。

　　那樣的夜晚，頭頂上是一顆顆清冷的星星，腳底下是冷冷的泥沙，身邊是他一個個心血結晶，是他「路漫漫其修遠兮」的希望和期待……

　　大概也就是李鵬種紅棗的道路走得最艱難的時候，他九十多歲的老父親從烏魯木齊打來電話，要求兒子把他接到阿日希村，李鵬的心頭頓時一熱。這說明什麼？這說明老父親是想真正身體力行地支持兒子所選擇的這條道路啊。

　　但在要不要真的把老父親接到生活條件如此艱苦的阿日希村來這個問題上，李鵬還是很猶豫。他不敢也不能答應老父親的這個要求。生為人子，他沒有盡孝，心底已經有一份深深的虧欠，如今再把老人家接過來跟自己一起吃苦受罪，無論怎麼說，他心裡也都是惶惶不安啊。然而李鵬脾氣倔，老父親比他還倔，李鵬拗不過他，只能千里迢迢地把老人家接到了阿日希村。

　　老父親雖然是兒子最堅定的支持者，但在那之前，他畢竟只是耳聽，耳聽畢竟為虛，眼見才為實。所以，當他老人家真正親眼看見了阿日希村周圍極其惡劣的自然環境，以及兒子正在建設的紅棗種植基地和防風林帶的規模，老人家這下是真的被兒子的所作所為深深震撼了，也深深感動了。儘管他只是一個農民，也沒有多少文化知識，但他心裡有一把尺子，兒子要在這裡種出的不僅僅只是「沙漠珍珠」，他是想為這裡的子子孫孫造福，他所幹的事情，確確實實很了不起，他為自己生養了這樣一個好兒子而感到驕傲和自豪，他當即給兒子立下遺囑：「我走後，（你）就把我埋在這裡，（讓我）陪著你，看著你。」

　　李鵬為此立刻給慈祥的老父親深深鞠上了一躬。

　　父親是他最寶貴的精神支柱和動力源泉。

　　老父親九十七歲與世長辭，李鵬的許多朋友包括阿日希村的黨支部書記麥提沙吾爾胡達拜爾地，都建議李鵬把老人家的遺骨送回故土

安葬，讓老人家葉落歸根，但李鵬最終卻遵守老父親的遺囑，把老人家的遺骨埋在了他的紅棗園。

最堅強的人，也有他柔弱的一面。

馬力最大最足的車，也要不停地加油，才會後勁十足。

他的築夢之路還很漫長，還很艱難，他也的的確確離不開他的老父親，他也確確實實需要老父親的陪伴。有他老人家時時刻刻的陪伴，有他老人家時時刻刻的精神照耀與激勵，他就能夠多一份克服困難、戰勝困難的勇氣和力量；他就能夠遵從「只要功夫深，鐵杵磨成針」的古訓，不畏困難，堅忍不拔地日復一日、年復一年地執著堅守。

憑藉「十年磨一劍」的精神，李鵬十年如一日地在「死亡之海」的邊緣，在曾經被阿日希村人稱為「水澆上去也不會長出莊稼」來的沙丘地上，不停地與風沙進行抗爭和較量，不停地推沙丘，打井，挖

李鵬（中）給當地棗農講授紅棗春季修剪技術

李鵬在查看棗園

渠修路，將一棵棵楊樹種下去，將一棵棵紅棗樹種下去，最終在「死亡之海」的邊緣長出五萬株楊樹，七十萬棵棗樹，形成了如今將近三千畝紅棗地的規模，讓原來的沙海變成了一片鬱鬱蔥蔥的綠洲，讓已然結滿碩果的紅棗樹將黃沙與村莊遠遠分隔，用阿日希村人的話說：「這樣等於形成了一個『綠口袋』，風口紮緊了，黃沙也就逼退了。」

　　如今李鵬不僅實現了他的紅棗夢，還給阿日希村人提供了十三萬人次的打工掙錢機會，勞務費用超過一千四百萬元，同時更帶動了許許多多的阿日希村人加入種紅棗的行列，阿日希村村民的人均純收入，也由二〇〇九年的兩千一百七十三元增加到二〇一八年的九千三百元，超出全縣人均水準一千多元。除此之外，李鵬又牽頭成立了策勒縣智慧果業農民專業合作社，吸納社員一百人，其中建檔立卡貧困戶八十三人。他還在新疆中泰（集團）有限責任公司的資金支持下，在阿日希村建成了一座年加工能力達六千噸的紅棗加工廠。現在，阿日希村六千零六十七畝土地中，紅棗面積達到五千七百零七畝，其中有超過兩千七百畝是在李鵬的示範引領之下，經過艱苦艱難

的治沙最終收復的生產用地。

　　紅棗加工廠建成之後，李鵬又與阿日希村簽訂了二〇一九年脫貧攻堅戰略合作協定書，這份協議書以產業扶貧、就業扶貧、科技扶貧、資金扶貧為核心，將全面助推阿日希村完成脫貧攻堅的奮鬥目標。

　　望著阿日希村今非昔比的變化，村黨支部書記麥提沙吾爾胡達拜爾地感觸最深，李鵬在阿日希村十年，他的胸懷，他的信心，他的勇氣，他的毅力，他所吃的苦，他所付出的努力，他所承受的壓力，麥提沙吾爾胡達拜爾地都是第一見證者。如果可以把一個人的心胸比作大海的話，李鵬的心胸比大海還要寬廣和博大。阿日希村之所以能有今天這樣的變化，都與他的努力付出密不可分。

14. 劉桂珍：一肩四擔的巾幗村支書

　　她叫劉桂珍，今年五十八歲，雖然歲月的紋路已經毫不吝嗇地鐫刻在她臉上，但我們從她明亮有神的雙眼，高挺的鼻樑，挺直的腰身，仍然能夠依稀勾畫出她年輕時的那份秀麗與俊俏。

　　劉桂珍所在的段家灣村，位於山西忻州代縣的南山深處，峪河上游，這裡山高溝深、土地貧瘠，六個自然村零星分散在方圓十多公里的溝溝岔岔中，自然條件十分惡劣。全村共六十九戶一百一十八人，其中建檔立卡貧困戶有四十九戶九十二人，是全縣出了名的貧困村。

　　一九七七年，劉桂珍高中畢業，國家中斷十年的高考制度，也在這一年恢復。在校讀書成績一直優秀的劉桂珍認為，這是自己走出大山的最好機會，所以無論白天幹農活多苦多累，一到晚上，她就開始爭分奪秒複習功課。

　　沒想到，劉桂珍的大學夢還沒有張開飛翔的翅膀，就被父親的一句話折斷了。當時縣裡正在培養赤腳醫生，分配給段家灣村一個名額，父親決定讓她去參加培訓，回來當鄉村醫生。當時心心念念想複習功課考大學的劉桂珍一百個不願意。

　　劉桂珍的父親劉白小，抗戰時期就為八路軍站崗放哨送情報，後在段家灣村做了幾十年的黨支部書記，在村裡說話從來說一不二，在家裡更是一言九鼎。他對劉桂珍說：「村裡就你一個高中生，你不去學誰去學？你不幹誰幹？」

　　就因為父親這句話，劉桂珍放棄了自己的大學夢，老老實實趕去棗林鎮，參加赤腳醫生培訓班的學習。

　　劉桂珍原本就勤奮好學，一點就通。培訓結束回來，她就立刻背起藥箱，開始行走在段家灣十餘公里的溝溝岔岔之中，為鄉親們問診

開藥、打針輸液。不僅如此,她「幹中學,學中幹」,不斷刻苦鑽研醫學知識,不斷積累臨床診斷經驗。她的想法是,既然穿上了這身白大褂,既然背上了這個醫藥箱,就要對得起這個職業,就要幹出成績來,就要贏得鄉親們的信任,更要對得起鄉親們叫她「劉醫生」這個稱呼。

那年除夕,天空飄著雪花,村裡村外,到處都是劈劈啪啪的鞭炮聲。十餘里外武強村的張忠虎生病了,請劉桂珍前去打吊針輸液。本來輸完液之後就可以回家了,但劉桂珍不放心,硬是在病人身邊守了一夜。而那時候,她丈夫楊宏生和兩個閨女,卻守著電視機,團圓飯熱了又涼,涼了再熱,橫豎等不回人來。父女三人憋憋屈屈過了大年。原本想等她回來之後,好好數落她一番,可她人一進門,又累又乏又困,眼圈也發了黑,風一吹就能倒了的樣子,父女三人的心頓時就軟了,已經到了嘴邊的話也都嚥了回去。

還有一次,也是大年夜,天上也下著大雪,劉桂珍和一家人正包

劉桂珍(左)在詢問一位元村民的身體情況

著餃子，武強村的老曹突然敲開門，說他母親上吐下瀉，高燒不退，病得非常厲害，讓劉桂珍趕緊去看看。小閨女拉著劉桂珍的衣袖說：「媽，您這一走，咱家這個年還過不過？」聽了小閨女的話，劉桂珍心裡有點發酸，可她是醫生，別人過不好年，她心裡又怎麼好受？所以她最終還是背起藥箱，跟著老曹一起出了門。

那時候，雪正下得緊，風刮到臉上像刀子，劉桂珍一路上跌了好幾跤才趕到病人家裡。根據老曹的介紹，再結合自己的檢查，劉桂珍認為病人得的是急性腸胃炎，於是便立刻配藥給她輸液，過了半個多小時，老人的病情逐漸穩定了下來。為怕老人再出什麼意外，劉桂珍在她身邊守了整整一夜。

劉桂珍對村民們的好還遠不止這些。

二〇〇六年年初，新農合制度試點推廣到代縣。有的村民認為自己身體好，不願意繳每年幾十元的保險費，村民陳智良就是其中之一。可天有不測風雲，就在當年，陳智良得了一場重病，光住院費就花了三萬多元。

正當陳智良為醫藥費發愁的時候，劉桂珍打電話讓他去報銷醫藥費。陳智良這才知道，原來劉桂珍早已悄悄地幫村裡沒有參加新農合的村民都繳了保險費。從此，村民們大都主動參加新農合，有些生活實在困難的村民一時拿不出錢來，劉桂珍都會主動幫他們墊上。

距段家灣七里之外的王家會村民組，住著一位八十多歲的孤寡老人，老人名叫李狗小，因患腦梗喪失了語言能力，劉桂珍像親閨女一樣服侍照料了十一年。

五十三歲的村民劉眉龍患上了嚴重的類風濕症，殘酷的病魔折磨得他失去了勞動能力，生活沒了著落。劉桂珍便一邊給他治病，一邊替他向鄉政府申請，為他辦理了低保手續。

……

段家灣有個小學，因為學生不多，基本上採取的是複式教學，幾個年級混合在一起上課。由於交通不便，生活條件差，工資水平又太低，一九八八年那年，學校唯一的一名教師辭職不幹了。眼看著村裡

劉桂珍（右）在給學生們上數學課

十五個孩子面臨失學，父親劉白小再次找來劉桂珍：「學校沒有老師，娃娃的功課就會被耽誤，在上面沒派新老師來之前，閨女你就先把這個課給代起來吧。」

又是爲了父親這句話，劉桂珍主動擔起了代課教師的職責。

有一年，村裡籌資擴建校舍，一時沒地方上課，劉桂珍就乾脆把教室搬到家裡。家裡地方小，課桌板凳沒地方放，劉桂珍就乾脆把飯桌、把床，把一切可用的東西都拿來當課桌用，而且這麼一用就湊湊合合堅持了整整一個學期。

有了劉老師，段家灣小學就沒有一個學生再輟學，全村適齡兒童入學率、鞏固率和小學畢業合格率都達到98%。她教過的學生考上高中又考上大學的不在少數，其中成績最好的一個學生，最後考取了中央財經大學。

一九九六年，劉桂珍的父親劉白小由於年齡和身體的原因，從村黨支部書記的位置上退了下來，誰來接這個班呢？大家首先想到了劉

桂珍，希望她把這個擔子接過去。劉桂珍連忙搖頭說不行。爲此，鄉黨委的領導找她談話，父親也找她談話。父親說：「只要沒有私心，啥事情都好辦。」

就這樣，劉桂珍全票當選，成了段家灣村黨支部書記。

到了二〇〇三年，村兩委換屆，劉桂珍又接過了村委會主任的擔子，開始醫生、教師、書記、主任四副擔子一肩挑。

醫生、教師這兩副擔子，劉桂珍挑了十幾二十年，基本上已經輕車熟路，已經挑出門道，也已經基本不在話下了。但是，如何挑好書記、主任這兩副重擔，劉桂珍的心裡卻一點底都沒有。當初父親叫她當村醫當代課老師，她老大不情願，但她後來當了，而且還都當得有模有樣，得到了鄉親們的認可和信賴。現如今也一樣，既然成了段家灣的當家人，就應該操心如何讓鄉親們的日子慢慢好起來。

段家灣村地下無資源、地上無企業、集體無收入，是十里八鄉有名的「三無」村。村民們世代種植的都是玉米、穀子、紅薯等傳統作物，種在河灘地的還好，種在山坡上的，卻基本上都是靠天收。出路在哪兒？怎麼改變？劉桂珍思前想後，絞盡腦汁，終究也沒有想出一個好辦法來。於是她決定先去外地取經，等她取經回來，然後在村兩委班子成員和黨員、村民代表會上指出，根據村子的地理條件、氣候特點，她認爲在村中的河灘地上發展油松育苗，是一條致富之路。然而，受多年生產習慣和封閉思想的束縛，大家都怕搞不好、怕賠錢，誰都不願意幹，也不敢幹。面對這種結果，劉桂珍皺起了眉頭，更感覺哭笑不得。轉念再一想多年做醫生做代課老師的經歷，她又很快想明白了，你要是對大家說，張三這個病該咋治，李四家的這個娃該咋教，沒有人不信你的，也沒有人會不聽你的，但育苗種樹能不能成，你說破大天去，畢竟也是個未知，只有你自己先幹出個結果，那時候才會有說服力，大傢伙才會真正聽你的。

回到家裡，劉桂珍就把自己的決定告訴了丈夫楊宏生，楊宏生聽了之後，沒有直接反對，而是和聲細語地給她分析情況：「搞油松育苗是個技術活，咱們從來沒有搞過，不懂技術也不懂管理。育苗週期

又長，忙活上兩三年，要是搞砸了，咱們往後的日子可怎麼過？」

劉桂珍不聽這些，她認準了的事情，非幹不可。

楊宏生知道強不過妻子，就拿出家裡所有的積蓄，又東拼西湊了一部分，最終湊齊了培育油松苗的費用，然後在自家最好的三分河灘地上種起了營養袋油松苗。經過兩年的精心管護，小樹苗長勢喜人，第三年春天一出圃就見到成效，三分地的樹苗竟然賣了七‧五萬元，這是種莊稼收入的近百倍。

劉桂珍種油松掙了大錢的消息很快在村裡傳開。

村民們這下動了心，不少人都想跟著她發展育苗產業。劉桂珍便挨家挨戶統計育苗面積，積極調購育苗種子、肥料，對準備育苗的村民進行技術培訓。最先嘗到甜頭的是楊鎖文。他是村中的貧困戶，在劉桂珍的帶動下種了六畝樹苗。眼看著樹苗馬上就要出圃了，楊鎖文的臉上卻又堆起了愁容，他總是在心裡嘀咕：樹苗是種成了，萬一賣不出去可咋辦？劉桂珍瞭解情況後，就把到村委會洽談購苗業務的客戶直接帶到楊鎖文的地頭，說服他優先購買楊鎖文的樹苗。

收穫了成功喜悅的楊鎖文激動地說：「要不是桂珍書記，我們家到現在都還欠著外債，過著苦日子哩。」

有道是鳥無頭不飛。在劉桂珍的帶動幫助下，短短兩三年時間，段家灣很多村民的收入都達到數十萬元，一些村民還在縣城買了新房，過上了小康日子。

二〇一六年，段家灣村實現了整體脫貧。

二〇一七年，劉桂珍牽頭成立了代縣劉桂珍種植苗木合作社，帶動了相鄰的王家會、石家灣、殷家會等村發展育苗產業。但劉桂珍並不滿足於此，她還要為鄉親們開闢更多的致富門路。

當她看到苗木市場不太景氣，村民們種出來的樹苗不再像以前那樣好賣的時候，她又立刻轉換思路，帶頭在村裡搞起了中草藥種植。

這一次，貧困戶侯換生第一個回應，用他的話說就是：「桂珍書記是咱們的主心骨，跟在她後面幹，只有好處沒有壞處。」侯換生的這句話，道出了段家灣鄉親們的心聲。

那一年的夏天，連續二十多天不見一滴雨，地裡的紅芸豆、穀子、山藥，特別是油松、檜柏苗趕上了「卡脖子」旱。正當大家一籌莫展的時候，劉桂珍出去走了一趟，很快，塑膠管拉回來了，技術工人也進了村，一千多米的管道鋪到了家門口，沿路邊安了五個水龍頭，村民們再不用過河翻溝挑水吃了。與此同時，近千米的U形管澆地渠也迅速鋪設完成了。

　　段家灣人至今記憶猶新的，還是二〇一〇年七月因為大雨引發的那場特大山洪，那時候很多老人都被困在家裡，情況非常危險，也非常緊急。

　　劉桂珍挨家挨戶指揮村民撤離避險，又冒著生命危險搶救還沒有來得及跑出門的老人和孩子，在確認大家都已經轉移到安全地帶之後，她才猛然想起家裡的老父親和小女兒，不知道他們是否也已安全撤離出來。這麼一想，她不由驚出一身冷汗，連忙飛跑回家，到家一看，屋裡的水已快要沒過膝蓋，父親和小女兒緊緊相擁蜷縮在桌子上……她鼻子一酸，眼淚流了下來。

　　這時候，年幼的小女兒一見到自己的媽媽，就立刻衝她發脾氣：「你心裡還有沒有這個家？還有沒有我們？」

　　聽了小女兒的質問，劉桂珍感覺心裡很不是滋味，更不知道說什麼才好，直到耳邊迴響起老父親經常掛在嘴邊的那句話：「只要沒有私心，啥事情都好辦。」她的心裡才多少感到有些釋然。

　　峪口鄉分管扶貧工作的副鄉長張麗生在談到劉桂珍時這樣介紹說：「劉桂珍看上去很瘦弱，但她精幹，有韌勁。她有個本子，上面記錄著每位村民的各種信息，這個本子她總是帶在身上。她每次出門之前，都會主動找我詢問，最近有什麼新信息，有什麼下什麼重要的信息和應該做的工作，會因此影響鄉親們有好的政策享受不到……說實在，如果我們每一個鄉村幹部都像她這樣，心裡時時刻刻把每一位鄉親的利益放在首要位置，就沒有克服不了的困難，更沒有完成不了的事業。」

　　誠哉斯言，信哉斯言。

「感人心者，莫先乎情」，只有潤物無聲的愛才可以在不經意間觸動心靈，才能夠慢慢涵養出可貴的人文精神。

　　山西作家魯順民、楊遙、陳克海在他們所著《擲地有聲：脫貧攻堅山西故事》一書中，這樣概括劉桂珍：「五十多年的人生，做了別人三世都做不完的『營生』。」

15. 劉錦秀：大別山牧羊女

一九七九年三月，劉錦秀出生於羅田縣三里畈鎮黃土坳村一個叫劉家灣自然村民組的普通農家。羅田縣位於湖北省東北部、大別山南麓，東鄰英山，南連浠水，西與團風、麻城接壤，北與安徽省金寨縣交界。

劉錦秀的家鄉，山清水秀，峰巒疊嶂，名山大川眾多，河流湖泊遍佈，風景優美，到處都能見到「野果香山花俏，狗兒跳羊兒跑」這樣如詩如畫的場景。但是，詩畫可以怡情養性，卻不能填飽肚子。

要不然，劉錦秀也不會只讀了五年小學，就毅然走出大山，去外面謀生計，求活路。

如今回顧劉錦秀獨自在外謀生的經歷，比如在工廠打過工，比如做過家政（清潔工）、賣過服裝、擺過地攤……尤其是一個小學畢業生，一邊打工一邊自學，讀拼音、背字典……最終硬是螞蟻啃骨頭一般，完成了大學全部自考課程，取得了大學自考本科學歷。如此種種，這一切的一切，如今幾句話、幾段文字就可以概括，但其中真正的酸甜苦辣沒有親身經歷，是很難體會的。如同今天大家都能夠看到閃耀在她頭上的成功光環：現任羅田縣錦秀林牧專業合作社理事長，湖北名羊農業科技發展有限公司董事長，二〇一三年獲得第十七屆「中國青年五四獎章」，二〇一七年九月，獲得「全國脫貧攻堅獎奉獻獎」，二〇一八年出席第十三屆全國人民代表大會……卻很少有人知道，她成功背後所付出的汗水與辛勞、心酸與艱難。

很多人包括之後宣傳報導劉錦秀的各類媒體記者，基本上都認為她的人生轉捩點是在二十五歲那年，因為就在這一年，從大山裡走出來的她，已經在黃岡市建立了一個幸福穩定的小家庭，已經擁有了一

家能夠年賺百萬的物流公司，她卻偏偏在這個時候，選擇重新回到大山，回到她的故里劉家灣，去當一名「牧羊女」。

　　對於做出這個抉擇的動機，或者說出發點，劉錦秀在接受一家媒體採訪時是這樣表示的，她說有一次她開私家車回老家，快到村口的時候，她遠遠看到一個女孩，長得很像她小時候的樣子，很瘦很瘦。那時候，那個女孩赤著雙腳，正小心翼翼地蹚過一處泥濘的水潭，一雙塑膠涼鞋卻拎在手裡。

　　這使她立刻想起了十多年前的自己。那年夏天，她穿著草鞋，翻

劉錦秀作為全國人大代表參加「兩會」

山越嶺採摘野菊花，那個時候野菊花五分錢一斤，她採了一個暑假才終於買到一雙漂亮的涼鞋。當年的她，也跟那個女孩一樣，下雨天蹚水，就把涼鞋拎在手上，根本不捨得穿。

除此之外，還有一點也很關鍵，那就是劉錦秀獨到的眼光，善於捕捉商機的精明。那時常年做物流的劉錦秀，有一天突然注意到，城裡人的餐桌上很少有羊肉，而且不到冬季，市場上幾乎看不到羊肉，再深入一步仔細瞭解，她又發現，整個湖北省內，都沒有一家規模完善的羊肉生產養殖基地，可以說這幾乎就是省內市場的一個空白。

就這樣，劉錦秀在二○○四年春回大地、春寒料峭的時節，告別了丈夫，告別了剛剛三歲的兒子，回到了生她養她的劉家灣。

然而，人們對劉錦秀做出這樣的抉擇，很不理解：你當年走出大山為了啥？不就是因為山裡窮，沒有發展前途嗎？現在你房子有了，車有了，錢有了，還有了一個寶貝兒子……你什麼都有了，卻要回大山養羊，你的腦袋是給羊蹄踢了，還是給羊角抵傻了？

好在劉錦秀的父親劉君如理解她，也支持她。就這樣，劉錦秀和父親一起，到半山腰上搭建了兩間茅草房，再去山下買來了四十七隻黑山羊，一間住人，一間養羊，她的養羊追夢之路，就這樣正式開始了。

明媚的陽光下，一個娟秀清麗、不施粉黛的芊芊女子，如癡如醉地追趕著一群咩咩咩叫的黑山羊，這個場景就這樣如詩畫一般地向人們撲面而來。

大別山的天真藍，天空中的雲朵真美。

大別山的空氣真新鮮，這是真真正正名副其實的天然氧吧。

連在這種天然氧吧裡生長的草兒，都特別鮮嫩，特別茂盛。

黑山羊咩咩咩的叫聲，讓劉錦秀聽起來簡直猶如天籟。

劉錦秀雖然生在大山，長在大山，但她實際上根本不會放羊。羊一上了山，就開始到處亂跑，她常常是要麼跟在一頭或者幾頭羊屁股後面追著跑，要麼就乾脆放任自流，有時候甚至連羊丟了都不知道，而她自己卻在這種田園牧歌式的環境氛圍裡面，陶醉得一塌糊塗。

劉錦秀在大山中牧羊

可是天天在山上養羊、放羊，畢竟不只是藍天白雲與詩情畫意，劉錦秀面臨的更多的還是現實的艱難與困苦。

那一天，劉錦秀的丈夫帶著兒子上山來看她，望著簡陋不堪的茅草房，以及茅草房裡一張簡陋的竹床，一張搖搖晃晃的小方桌，上面堆滿了一袋袋速食麵，一盞煤油燈早已經熏得漆黑……總之，房間裡雖然被整理得很整齊，但其寒酸和清苦卻也看得一清二楚。丈夫為此眉頭直皺，一個勁地對她念叨：「你說你這是何苦來著？」

三歲大的兒子，一開始對滿山遍野的花花草草，尤其對咩咩叫的黑山羊充滿了新鮮感，好奇得不得了，撒著歡東奔西跑。然而等到那股新鮮勁一過去，再回過頭來面對簡陋不堪的茅草房，再聞著一股股臭烘烘的羊臊氣，他就不幹了，非吵著鬧著要求馬上離開，丈夫也趁機再次勸說：「跟我們一起回去吧。」

劉錦秀是「立下凌雲志、咬定青山不放鬆」的人，並且早已經做

好了「苦其心志，勞其筋骨」的心理準備，她怎麼可能現在就回去？然而，由於缺乏黑山羊的養殖技術，選種也存在一定問題，最開始買回來的四十七隻羊，半年時間不到，竟然死掉了一半。

這條路看來真的不好走啊。

不好走也要繼續往前走。劉錦秀沉下心來，一方面買回來大量關於黑山羊養殖技術的書籍，抓緊一切時間刻苦閱讀，努力學習，另外一方面又去找專家，去找畜牧獸醫，去找有豐富養羊經驗的人虛心求教，回來再結合書本知識，進行認真琢磨與刻苦鑽研。

隨著時間慢慢往前推移，劉錦秀的黑山羊也慢慢由少變多，發展到了將近七百多隻，二〇〇六年年底一算帳，好傢伙，淨賺將近十萬。這時候，父親笑得合不攏嘴，劉錦秀卻顯得十分淡定。她先找村裡，後找鎮裡，一下子包下了村裡近千畝的林地，不僅在那上面建起了一排排標準化的羊舍，引進了一批波爾山羊，讓它們與本地黑山羊雜交，以達到改良品種之目的，還聯合當地五個養羊大戶，在縣工商局註冊成立了羅田縣錦秀林牧專業合作社。

正當劉錦秀準備大幹快上的節骨眼上，一場山林火災，燒毀了她承租的山林草場，緊接著的二〇〇八年，一場罕見的冰雪災害，又導致合作社羊舍倒塌，凍死、餓死黑山羊兩百多隻，直接經濟損失三十多萬元……

劉錦秀這下傻眼了。

這時候，丈夫再次上山來，一邊安慰，一邊勸說，希望劉錦秀能夠跟他一起回城裡去。劉錦秀一笑：「還記得我之前跟你說過的話嗎？劉家灣的地理環境和氣候條件都非常適合養羊，這裡的鄉親們又都有豐富的養羊經驗。所以，我回來不僅要把黑山羊養好，還希望有一天，能把鄉親們都帶動起來，改變他們以往單打獨鬥的那種養殖模式，讓他們都跟著我，一起通過養羊走上一條致富之路。你說，現在的這一點苦，我都吃不了，我還怎麼實現我的這個願望？」

丈夫點點頭，是的，秀外慧中的妻子曾經跟他說過：一個人內心有光，他（她）就是自己的太陽，不僅能照亮自己，也能溫暖別人。

劉錦秀的這種內心之光從何而來？又是如何煉成的呢？

首先就是把苦難當成財富的那種精神氣概。

其次就是長時間在山上的日曬雨淋：餓了，啃一口乾巴巴的食物；渴了，喝一口山澗溪水；累了，天當被，地當床。

同時也是三伏天的汗水，是不堪其擾又不堪其苦的蚊叮蟲咬，是三九嚴寒的冰冷與刺骨，更是看著自己親手餵養的黑山羊隻隻膘肥體壯的成功感與自豪感⋯⋯

當然也是一場大火，緊接著又是一場罕見的冰雪災害，導致重大經濟損失之後的心痛，以及心痛之後的大聲歌唱，「一個人可以被打敗，但卻不能被打倒」。這種精神與人格力量，既展示了劉錦秀追夢

大別山肉羊商品生產基地

路上的堅定從容與無所畏懼，也為她內心之光歷練而成做出了最具說服力的注解。

　　為實現「把鄉親們都帶動起來」的願望與目標，劉錦秀發起成立羅田縣錦秀林牧專業合作社，聘請了專門的畜牧技術專業團隊，並且帶領鄉親們通過「合作社＋基地＋農戶」產銷對接的模式，實行「五統一」服務，具體措施為：統一提供種羊，統一欄圈建設，統一防疫消毒，統一技術指導，統一收購肉羊。這個「五統一」標準的實施，徹底解決了養羊戶的後顧之憂。

　　二〇一一年，劉錦秀又註冊成立了龍頭加工企業湖北名羊農業科技發展有限公司，這個年屠宰加工三十萬隻肉羊的現代化肉類食品加

工項目建起來了。同時，劉錦秀又啓用產品溯源系統和溯源標誌，開發了專門的網站，以省農科院爲依託，重點研發「全天然、純綠色」高檔羊肉食品，成功註冊了「薄金寨」、「三里美」羊肉商標，並向原農業部申報了無公害農產品產地認定和產品認證，從而眞正形成了品牌化的生產經營與銷售一體化的戰略格局。

　　在劉錦秀的示範帶動下，羅田縣錦秀林牧專業合作社已在羅田全縣十二個鄉鎭成立了分社。合作社擁一百隻以上規模的社員一百八十七戶，五至五十隻的規模養殖戶五百一十三家，他們分散在大別山脈的羅田、浠水、蘄春、團風、麻城等地，二〇一〇年，合作社整個存欄肉羊三萬隻，出欄肉羊三·二萬隻，在合作社保品質、創品牌的經營理念和肉羊深加工的帶動下，規模社員養殖戶的戶均純收入三萬元以上，人均增收五千元以上，比沒有參加合作社的農民多增收27%，創總產值三千五百九十四萬元。

如今的劉家灣

二○一三年，習近平總書記接見「中國青年五四獎章」獲得者時，劉錦秀自豪地告訴總書記：「我是大別山牧羊女。」從此「大別山牧羊女」成為劉錦秀的代名詞。

從二○一五年開始，劉錦秀的湖北名羊農業科技發展有限公司，與全縣建檔立卡貧困農戶建立了黑山羊養殖結對幫扶關係，首批結對幫扶帶動的黑山羊養殖貧困農戶就有四百零六戶。截至二○一八年底，劉錦秀旗下的公司與合作社輻射帶動大別山周邊縣市一百七十五個貧困村、山羊養殖戶七千七百多家，形成了以羅田為核心的大別山肉羊商品生產基地，大批貧困戶依靠養殖黑山羊脫了貧，養羊年收入三萬元以上農戶達到一千五百戶之多。

一句話，劉錦秀的養羊產業，為推動大別山區貧困農戶脫貧致富做出了突出的貢獻。

如今，在大別山南麓的羅田縣，流傳著這樣一首民謠：「早上醒來聽著鳥兒叫，回頭看見老婆笑。白天跟著錦秀放好羊，回家照顧爹和娘，高高興興送兒上學堂。」

而劉錦秀自己則說：「我要做大別山裡的一片樹葉，綠著，陪伴萬物；枯了，化作泥土，永遠守護這片大山。」

16. 劉雙燕：燕子銜春築夢想

「春風是世界上最溫柔的風，燕子是世界上最美的候鳥。」本文接下來要說的，就是這樣一位被許多新聞媒體比作「最美候鳥」的人，她姓劉，名字叫雙燕。

劉雙燕是安徽省亳州市利辛縣城關鎮人，她生於一九七五年六月，一九九七年光榮加入中國共產黨。

利辛縣屬集中連片特困地區，是國家級貧困縣。作為利辛縣稅務局的一名女幹部，劉雙燕從二○一二年三月起，連續三屆擔任安徽省第五、第六、第七批選派貧困村駐村扶貧工作隊長兼第一書記。劉雙燕第一次被選派的地方是利辛縣城北鎮陸小營村。這個貧困村不僅偏遠閉塞，而且還是一個有名的「愛滋病村」。

接到任命，劉雙燕心裡的種種顧慮和猶豫是實實在在的：那樣的一種條件和環境，一個女同志，究竟能不能適應？工作究竟能不能真正開展起來？萬一不行豈不是辜負了組織對自己的信任和期待？

儘管心裡顧慮重重，劉雙燕最終還是來到了陸小營村。

三月的淮北大地，正是春寒料峭時節。報到後的第一天，劉雙燕的眉頭就打成了一個結：天啊，這裡的一切，遠比想像當中的要差上好多倍啊，廁所是露天的蹲坑，洗澡只能在公用廁所沖一沖，夜晚伸手不見五指，跟城裡一比較，兩者之間的反差也實在太大了一點……當天晚上，聽著窗外嗚嗚作響的寒風，劉雙燕打開駐村幹部扶貧日記本，嘴巴咬著筆桿子，思緒萬千，不知道如何起這個頭，開這個篇。這才真正叫作「理想很豐滿，現實很骨感」啊。她忍不住拿起手機，向母親訴說起來。母親聽了女兒的為難，安慰她說：「既然決定了要去當這個扶貧幹部，那就要紮紮實實沉下心來，就要認認真真開展工

作，不要讓人小瞧了你自己，更不要讓人到時候戳你的脊樑骨。」

母親的這番話，讓劉雙燕心裡冒冷汗：你來陸小營村為的是什麼？你還是不是一個堅定的共產主義戰士？劉雙燕當即調整好自己的心態，開始認認真真書寫她到達陸小營村的第一篇扶貧日記。

通過一段時間的走訪瞭解，在對全村情況基本了然於胸的前提下，劉雙燕決定先從抓黨建、抓村幹部的領導作風入手，徹底扭轉過去那種軟弱渙散的不利局面。緊接著，她又把工作重點放在關愛艾滋人群身上，他們是因為貧窮才賣血，又因為賣血，才變成最不幸的病人，所以他們更需要理解和尊重。只要這部分人群的心熱了起來，只要他們能夠重新樹立起生活的信心，開始對未來充滿嚮往，陸小營村的扶貧工作也就有了抓手和實實在在的落腳點。

事實證明，劉雙燕的思路是正確的。陸小營村貧困的根子主要還是在人，這是軟體，軟體問題解決了，劉雙燕又把工作重點放在了解決硬體問題上面。

像理一團亂麻，剛剛把陸小營村的工作理出了一點頭緒，沒想到，姐姐突然打電話給她，讓她無論如何先回一趟家再說，劉雙燕一頭霧水趕到家，這才知道身體一向硬朗的母親突然被查出了肺癌，而且還是晚期。劉雙燕一下子蒙住了。父親去逝早，是母親一個人挑起全家的重擔，千辛萬苦把幾個兒女拉扯大的，苦日子好不容易熬出頭，她自己卻……天大地大，也沒有母親的恩情大啊。說什麼，劉雙燕也得多陪陪母親，多在她病床前盡一份孝心啊。她走出病房，正準備給陸小營村的支部書記打電話，母親卻把她叫回來：「萬事開頭難。你的工作剛起步，這個時候你應該多跟群眾待在一起。我的情況也就是這樣了，你只要記得多回來看我幾次就行了。」

劉雙燕再也控制不住自己，眼淚像斷了線的珠子一般滾落下來：「孩兒這是不孝啊……」

母親慈祥地笑了：「燕兒你說啥傻話呢？」

在母親的再三催促下，劉雙燕只得一步一回頭地離開母親，回到了村裡。

陸小營村的小麥、大豆種植面積達五千多畝，這是全村的主導產業，其他如蔬菜、紅薯等農作物的種植規模，也都相當可觀。另外，該村還有流傳多年的釀製大曲酒的技術和傳統，其釀出的濃香型大曲酒，酒質無色，清亮透明，具有濃郁的複合香氣，入口綿甜爽淨、餘味悠長。一句話，村裡有資源，只要解決了交通阻塞這個瓶頸，一切問題都能迎刃而解。

劉雙燕連忙對症下藥，多方籌措資金，經過她的不懈努力，一條三公里長的水泥路終於修通，此舉不僅改變了原來「晴天一身灰，雨天一身泥」的現象，還讓村裡跑起了載貨汽車。流通管道暢通了，劉雙燕又開始抓村容村貌建設……

在劉雙燕三年的艱苦努力下，陸小營村終於舊貌換了新顏。

完成了陸小營村三年的選派任務之後，劉雙燕本來可以回到原單位工作的，但她卻跟丈夫商量說：「脫貧攻堅已經處於關鍵階段，我在陸小營村的三年，已經積累了許多寶貴的工作經驗，所以，作為一名共產黨員，我準備繼續參加扶貧工作。」丈夫聽了，半天沉默不語。

啞巴不開口，神仙難下手。沒辦法，劉雙燕只好對丈夫使起了慣用的小性子：「這麼說，你把夫人的話當成耳邊風了？」

丈夫搖搖頭回答：「我不是想做你的反對派，我只是擔心你的關節炎，長期勞累會不會變得更嚴重。」

劉雙燕的眼睛頓時變得濕潤起來。

劉雙燕很快選擇了再出發。這一次，作為第六批選派貧困村駐村扶貧工作隊長兼第一書記，她來到了利辛縣汝集鎮朱集村。

朱集村位於汝集鎮東北八公里處，因朱姓居民居多而得名。朱集村北倚西淝河，縣道Y101穿村而過，全村現有一千兩百七十七戶五千六百五十人，耕地面積七千七百五十五畝，轄八個自然莊，三十一個村民組。

劉雙燕到任之前，朱集村是利辛縣的重度貧困村，也是國家級貧困村。村民們喝的都是井水，進出村子走的全都是泥巴路，整個村莊

的衛生狀況是一片「髒、亂、差」，加上電壓不穩定、線路老化等問題，停電更是家常便飯……一句話，朱集村是真正的基礎弱、條件差。不僅如此，村民們「等、靠、要」的思想還特別嚴重，而村兩委班子偏偏又缺乏凝聚力和戰鬥力，村集體經濟幾乎一片空白，人心也是極度渙散。

對於劉雙燕的到任，朱集村人並不怎麼看好，也不怎麼歡迎。一個生在城裡、長在城裡的女幹部，她對農村的情況瞭解多少？她又有多少能耐？

這是劉雙燕留給朱集村人的第一印象。

最初一段時間，劉雙燕每天晚上回到住處，翻看駐村幹部扶貧日記，首先縈繞在她腦海裡面的，幾乎都是「應該如何破題」這一問題。

她的這個住處，是村裡臨時安排的敬老院裡面的一個房間。驀然之間，一個畫面頻頻在她眼前閃現：當夜幕降臨，黑暗開始籠罩整個

劉雙燕（左）看望朱集村敬老院貧困老人

大地的時候，敬老院裡的許多老人，不是回到各自的房間，而是搬一把椅子，來到院門口，然後坐下來，默默無語地、安安靜靜地、久久地望著遠處的村莊和田野。那個時候，老人們其實什麼都看不見……

想到這一幕，劉雙燕心裡咯噔了一下，她立刻決定就從這兒開始破題。第二天，她就讓村裡的電工，把組織上準備給她宿舍安裝空調的那筆錢，改用來給敬老院安裝路燈。

敬老院的路燈亮了，但周邊的自然村居卻沒有一盞路燈，是不是也想辦法都給裝上路燈，讓朱集村的夜晚亮起來呢？可是，想要安裝這麼大範圍的路燈，這需要相當大一筆經費，錢從哪兒來？思來想去，只有找自己的娘家利辛稅務局了，但問題是朱集村的自來水沒有解決，路也沒有修，這時候先裝路燈，局領導會不會認為這是頭腦發熱、異想天開啊？猶豫再三，劉雙燕還是打電話把自己的想法告訴了局領導，沒想到局領導聽了卻連聲說好，說給鄉親們裝路燈，既有實際效果，更具有象徵意義。很快二十萬元的專項資金加上企業的慈善捐款，就讓朱集村一下子安裝了一百八十台新能源太陽能路燈，八個自然莊及街道兩旁、人口密集聚居的村級活動中心全部都亮了起來。

路燈亮起來的時候，不僅點亮了整個鄉村的夜空，朱集村人的心也跟著一起被點亮了。

這件事情讓劉雙燕深受啟發，也深受鼓舞，她很快在她的駐村幹部扶貧日記裡寫下了這樣的四句話：「沒有辦不成的事，沒有脫不了的貧。你離群眾有多近，群眾跟你有多親。」

良好的開端是成功的一半。

劉雙燕乘勢而上。她在她的駐村幹部扶貧日記上面這樣寫道：「朱集村的路要修，自來水問題要解決，各種基礎設施建設也必須配套同步進行，但在解決這些問題之前，首先必須扭轉朱集村領導班子軟弱渙散的局面。」

劉雙燕想到做到。她從抓黨建，抓班子建設入手，要求村兩委幹部在認真學習黨中央國務院關於脫貧攻堅的各種政策文件精神的基礎之上，迅速調整心態，以時不我待的信心和決心，把腰桿挺起來，把

擔子擔起來。

領導幹部尤其是黨員幹部的思想明確了，認識統一了，工作積極性被調動起來了，朱集村扶貧工作的困局，也就因此被順利打開了，劉雙燕自己也真的像一隻銜泥的燕子，開始飛往各家各戶了。

偏偏就是在這個時候，劉雙燕的關節炎變得嚴重起來了，還沒有走上十分鐘的路程，雙腿尤其是膝蓋部位就疼起來，一疼就疼得鑽心。到醫院一檢查，醫生給出的結論是：髕骨軟化症。髕骨軟化症又稱髕骨軟骨軟化症，是膝關節的一種常見病，對於症狀比較輕的患者，只要積極配合治療，注意休息，保持正常生活規律等，就沒有什麼大礙。然而劉雙燕的情況，卻已經從輕症轉變成了重症，必須進行手術治療了。

知道情況的人都勸劉雙燕去醫院做手術，她卻笑笑，然後買來止痛膏藥，買來理療護膝，往膝蓋上一貼一穿了事。後來疼得實在沒辦法，她就改騎電瓶車，繼續「銜」著扶貧的春風，「飛」向每一個貧困的家庭。

每進一家劉雙燕都像鄰家媳婦串門，言談話語都是柴米油鹽，噓寒問暖，聊得熱乎了，這家的狀況也就瞭解得八九不離十了。回到住處，再憑藉超常的記憶力，把白天瞭解到的情況，一五一十寫到她的駐村幹部扶貧日記裡面。

其實劉雙燕每次出門，都是隨身帶著記事本的，但自從早幾年前在陸小營村遭遇過幾次白眼，碰過幾次釘子之後，她就開始意識到這個問題了：你把筆一拿，把本子往桌子上一攤，你是進入工作狀態了，但鄉親們的心卻跟你拉開了距離，再也不願意跟你說真話說實話，更不會跟你掏心掏肺了。所以，認識到這一點以後，劉雙燕就開始不斷注重加強培養和訓練自己的記憶能力，也正因為如此，她之後才會與鄉親們走得更近，走得更親，也走得更貼心。她的扶貧日記裡，也才會留下一行又一行樸實無華的文字來：

「二〇一四年，周亞軍的愛人腦出血，半身癱瘓。當時，十五歲的女兒、十二歲的兒子都在上學。在外打工的周亞軍只能回到村裡，

一邊照顧妻兒，一邊種地……」

「五十四歲的任大鵬腿腳不好，但他臉上始終漾起的那份憨厚的笑容，讓人倍感親切……」

「朱士海家的房子已經屬於危房，必須盡快想辦法解決……」

「周文峰夫妻都是殘疾人，針對他家的現實狀況，我的指導思想是『扶貧先扶志』，所以我準備採取『因人施策』的方法，對他家進行重點幫扶……」

「七十一歲的朱連翠老人，每次見到我，都把我當成她的親閨女……」

通過不斷走訪瞭解，劉雙燕在把朱集村的底基本摸清楚之後發現，朱集村有發展養殖業的條件，懂養殖的人也不在少數，因此劉雙燕集思廣益，最終在村兩委班子會上做出決定，在著力解決朱集村的修路問題、自來水問題以及各種基礎設施建設的同時，盡快建一個畜牧水產養殖基地，這樣既可以解決一部分貧困戶的收入問題，也能夠帶動村集體經濟的迅速發展壯大。為此她又與村兩委班子做出明確的分工，她負責落實專案資金，班子其他成員負責落實養殖基地的人員配備、場地管理等一系列的具體事務。

很快劉雙燕申請的一百萬扶貧項目資金到位，朱集村的田淼特色種養基地正式宣告成立，正式投入規模化養殖，除了大面積養魚、養雞、養鴨與養鵝之外，還大面積種植蔬菜和果樹，形成一條種養結合的生態產業鏈。

除了特色種養殖基地，劉雙燕申請的種植經濟林木、光伏發電等扶貧專案，也都在朱集村落了地生了根，一句話，朱集村的脫貧攻堅戰已經進入最後衝刺階段，而這時候，也到了劉雙燕三年任期屆滿的時候。

是選擇回城，還是選擇繼續留下來，劉雙燕的心裡開始矛盾起來。這一年，也是女兒衝刺高考的決戰決勝之年。自己雖然是一位扶貧幹部，但更是一位母親啊。從女兒上初一，整整六年，媽媽沒有陪伴過女兒一次，她虧欠女兒太多太多，關鍵時刻，如果有媽媽陪伴在

劉雙燕（左）和村民在黃蜀葵育苗基地移栽幼苗

黃蜀葵加工車間

如今的朱集村

身邊，女兒是不是能夠取得更好的成績，給自己的人生交出一份最理
想的答卷？

　　矛盾猶豫交織的劉雙燕，在獲得丈夫和女兒的理解和支持之後，
最終選擇了繼續留任。

　　八月的淮北平原，驕陽似火，赤日炎炎。那天，在完成了村子自
來水接通、公路修建與電網改造的對接工作之後，劉雙燕正在與一個
名叫朱其偉的致富能人共同商談如何在朱集村推廣一種花期長、見效

　　快、市場前景好又非常適宜一般農戶種植的項目——黃蜀葵種植，以及商談如何在朱集村盡快成立利辛縣家得福農業有限公司的具體事宜，她的手機突然響了起來，剛一接通，就傳來女兒撕心裂肺的哭聲，劉雙燕忙問怎麼回事，女兒泣不成聲地回答：「俺爸突發心臟病……走了……俺再也見不到爸爸了……」

　　聽到這裡，劉雙燕的眼淚立刻噴湧而出。

　　從最初到陸小營村擔任駐村扶貧工作隊長兼第一書記至今，她先

是失去最親的母親，現在又突然失去最愛的丈夫，自己所患的髖骨軟化症更是越來越嚴重，這樣的打擊對於她來說無疑是最致命的了。利辛縣稅務局的領導經過多次開會研究，決定調換其他同志來接替劉雙燕的工作，但劉雙燕卻在忍受著巨大的悲痛，含淚送走最親愛的丈夫之後，又擦乾眼淚，重新回到了朱集村，回到了她的工作崗位。

既然對於親人的虧欠已經永遠無法彌補，那就只能用百倍千倍的努力來堅決打贏朱集村的這場脫貧攻堅戰。

「不獲全勝，絕不收兵。」劉雙燕在駐村幹部扶貧日記裡重重寫下了這八個字，以此來勉勵自己，來激勵和鼓舞自己的頑強鬥志。

風雨過後是彩虹。

在劉雙燕堅持不懈的努力之下，朱集村人不僅全部實現了脫貧致富的可喜目標，朱集村還以其美麗的村容村貌、生態環保的人居環境被評為二〇一九年「安徽省美麗鄉村示範村」，她自己也榮獲了中央組織部、中央宣傳部頒發的「最美公務員」等一系列榮譽稱號……

17. 王喜玲：致富不忘鄉親

　　本篇的主人公是一位名叫王喜玲的中年婦女，她曾身患癌症又中年喪夫，卻從這樣一種淒慘悲苦得不能說，一說都是眼淚的困境之中掙脫，不僅改變了自己的命運，成為致富能手，還帶動四百多戶貧困家庭脫貧致富，並在二○一八年榮獲「全國脫貧攻堅獎奮進獎」稱號。

　　這個一九七○年出生的女人，雖然只有初中文化程度，卻能說會道又精明幹練，而且心思特別活泛，也特別有主見，無論做什麼事情，都是行雲流水，風風火火。她不僅很堅強，也很倔強，她想到啥就要幹啥，從來都不拖泥帶水。她認準了的事情，誰勸說都沒有用，誰想攔也攔不住。她原本出生在陝西省咸陽市永壽縣姚店鎮一個普通的教師家庭，當她長到談婚論嫁的年齡時，她卻為了愛情把自己嫁到了寶雞市扶風縣召公鎮吳家村一戶馬姓人家。

　　扶風縣地處關中平原西部，屬六盤山連片特困地區。

　　馬家窮得叮噹響，置辦結婚酒席借了一千多元，之後為了生計，丈夫馬新兵又貸款買了一輛拉運石料的拖拉機，全家累計背上了三千多元的債務。擱在今天，三千多元根本算不了一回事，然而對於二十世紀九○年代初期的一個貧困農家，那卻是一筆天大的數目。

　　那有什麼？不就是欠帳嗎？只要手腳麻利，只要不怕吃苦，還愁還不了欠帳，過不上好光景嗎？

　　從那時候開始，啥事來錢王喜玲就幹啥，她先在路邊開理髮店，後來聽說村裡鎮上的很多婦女到新疆幫人摘棉花掙了不少錢，她一招呼，村裡三十多位婦女就跟著她一起去了新疆。一九九九年，幾乎是不由分說，她就把女兒馬菲菲丟給奶奶，然後拽著丈夫馬新兵，一車

坐到新疆，到那裡承包土地種棉花，四年後，夫妻二人帶著種棉花掙到的一‧六萬元回了老家。回來之後，他們又在召公鎮上租了一個門面房，開始做起了服裝買賣。

賣衣服賣鞋子一年能有一萬多收入，照理說，王喜玲應該安安心心把這個買賣做下去了，但當她聽人說養豬一年能掙十多萬元時，她的心就又活泛了，她隨即跟丈夫馬新兵算了一筆賬：「服裝買賣雖然風不吹日不曬雨不淋，可每年一萬的進賬，咱們家要等十年，才能夠把新房子蓋起來，所以我尋思來尋思去，覺著咱們也應該來養豬，你覺著呢？」

丈夫馬新兵聽了嘿嘿傻笑。

「你傻笑個甚？你倒是拿個章程呀。」

丈夫馬新兵再次嘿嘿傻笑：「咱們家，你咋說就咋弄唄。」

於是，王喜玲就在二〇〇八年拿出那幾年辛辛苦苦攢下的所有積蓄，又到銀行貸了四萬元，辦了一個養豬場，買回了幼豬苗，從此正式開始了她的養豬事業。

哪知道偏偏天不從人願，先是飼養上面七七八八的事情接連不斷，把她折騰得七葷八素、焦頭爛額，緊跟著生豬市場的價格又出現了明顯波動。別人養豬的時候順風順水，豬肉的市場價格一天一個價地往上漲，輪到她的生豬出欄，整個市場上的生豬價格卻一個勁地往下跌，王喜玲養豬兩年下來，不僅一分錢沒有賺到，倒賠進去三萬多。直到二〇一一年，她的養豬事業才慢慢走上正軌，市場的價格波動也漸漸趨於平穩。

也就是在這一年的九月，王喜玲檢查出了子宮內膜癌。

王喜玲愣住了，也傻掉了。

你說這好端端的，咋就得了這個病呢？治這個病得花多少錢啊？這樣一想，王喜玲就對丈夫馬新兵說，這個病，咱們不治了，咱們還是回家吧。

丈夫馬新兵卻一把將王喜玲按倒在病床上：「醫生說了，你這個病發現早，只要手術成功，就能夠保證你今後平安無事。」

「馬新兵你瘋啦？你知道治這個病要花多少錢嗎？咱們家哪來恁多的錢？」

「是錢重要還是人重要？你就不要再多說了，哪怕砸鍋賣鐵你這個病也得治，這回你必須聽我的。」

幸運的是，手術後王喜玲恢復得很好。

原本以為，一家人的生活從此可以漸漸轉入正軌，哪裡想到剛剛風平浪靜了一段時間，二〇一三年六月九日，這個讓王喜玲任何時候回想起來都肝腸寸斷的日子，如洪水猛獸——不，應該是泰山壓頂一般，向她壓了下來。她的丈夫，她在這個世界上最親最親的愛人，竟然被一場飛來橫禍奪去了生命。

她的丈夫，這個叫馬新兵的男人，當年是「千里姻緣一線牽」，她的娘家人不認可他，嫌他家太窮，但她不嫌棄，她只圖他人好，她就是要嫁給他。事實證明她的選擇是對的。他不僅人好，對她更是知冷知熱、掏心掏肺。

可是，現在這個自己託付終身的男人，卻被一場車禍奪走了性命。

丈夫歿了，這個家的天就塌了，王喜玲聽到這個噩耗的時候，當場哭昏過去。

聞訊前來看望安慰王喜玲的眾多姊姊妹妹們還沒開口，自己先哭成了淚人。

老天爺真不長眼啊，王喜玲剛剛撿了一條命回來，現在她的丈夫——一個四十歲剛剛出一點頭的男人，卻被一場飛來橫禍奪去了生命，如此殘酷的打擊，哪個人能承受得了？

那段日子，王喜玲天天以淚洗面。

原本就體弱多病的婆婆，經受不住白髮人送黑髮人的沉重打擊，突然臥床不起。

女兒馬菲菲天天抱著父親的遺像，茶不思、飯不想。

關鍵時刻，吳家村原黨委書記孫宏儒，陪同召公鎮的領導來到了王喜玲家，孫宏儒還與鎮領導協商，直接把王喜玲家的情況反映給扶

風縣縣長，讓縣長親自做王喜玲家的幫扶人。駐村幫扶幹部齊軍與當地的婦聯幹部，更是一次又一次登門拜訪，他們不僅給王喜玲家帶來黨組織的溫暖與關懷，宣佈將她家列為吳家村的建檔立卡貧困戶，為這個遭遇不測的家庭及時解決許多迫在眉睫的實際困難，同時也希望他們重拾信心，重新鼓起生活的勇氣。

這時候整整三個月沒有邁出家門一步的王喜玲，終於又重新振作了起來。她首先滿含熱淚安慰婆婆：「新兵雖然不在了，但您還有兒媳婦，還有孫女菲菲，家裡哪怕只剩下一口，也會先給您吃。一句話，只要有您兒媳婦在，就不會再讓您吃半點苦、受半點罪。」

心裡是這樣想的，話也是這樣說的，可是現如今家裡除了六畝承包地和一屁股外債，是要啥沒啥，往後的日子究竟應該怎麼過，王喜玲心裡一點底都沒有，但王喜玲是一個懂得感恩的人。首先，別人在她家遭遇困難時候借出的每一分錢，都是情誼，她都要償還，都要報答；其次，村裡、鎮上包括縣裡的領導都這麼看重和幫助她，她覺得自己要是不幹出一點名堂來，就會愧對這份深情厚誼。所以，她必須盡快重新找回自己，重新使出當初那股女漢子的勁頭。

一次偶然的機會，王喜玲聽說有人靠種樹苗賺了錢，脫了貧、致了富。一貫敢想敢幹的她，很快就把目光瞄準到發展苗木產業上來了。然而本錢從哪兒來呢？王喜玲找到了吳家村原黨委書記孫宏儒和駐村幫扶幹部齊軍，向他們說出了自己的想法，希望能夠得到他們的理解和支持。王喜玲希望自主創業，他們當然樂觀其成。很快，在當地政府的協調幫助下，王喜玲獲得了一筆八萬元的貼息貸款，她立刻用這筆錢栽種了五畝白皮松和櫻花樹苗。

可是，苗木種植遠沒有王喜玲想像得那麼簡單，白皮松適宜栽植土層較厚、土壤肥沃、排水良好的地方，吳家村的土質雖然符合這些條件，但沒有想到的是王喜玲買回來的白皮松樹苗栽植下去之後的那年夏天，偏偏遇上大旱，而村裡每天的放水時間卻很有限，王喜玲不得不每天根據村裡規定的放水時間去地裡澆水，那天凌晨一點鐘左右，在醫院值夜班的女兒馬菲菲試探著給母親打了一個電話，竟然發

王喜玲（左四）在苗木基地指導工人們修剪白皮松

現她那麼晚還在地裡給樹苗澆水，女兒心疼媽媽，媽媽心疼女兒，說起生活的艱難與不易，娘倆在電話裡哭了個稀裡嘩啦。

　　白皮松從種植到成材的生長週期比較長，短時間很難獲利。而家裡欠的債卻像山一樣，壓得王喜玲喘不過氣來。她等不起，也不想等。憑著對苗木市場有了一定的瞭解，王喜玲又開始做起了苗木經紀人。

　　然而，由於初來乍到，王喜玲幾個月跑下來都沒有開過一次張。

　　唉，真難啊。

　　但王喜玲偏偏不信邪。她認準了的方向，九頭牛都拉不回來。

　　王喜玲過去如此，現在仍然如此。

　　她不僅堅強，而且也很倔強。

　　她就不信她開不了張，她就不信機會會不留給她這個有準備的人。

　　機會終於來了——兩萬棵核桃苗。

王喜玲（右前一）利用網路直播說明農戶銷售獼猴桃

　　但那位老闆的要求卻很苛刻：一周之內必須全部交齊。

　　行！沒問題！

　　這是王喜玲接到的第一筆訂單。終於開張了，她高興得差一點蹦起來。

　　可是，訂單是接到了，貨源呢？貨源在哪裡呀？

　　這個簡單，路在腳下，貨源肯定也在腳下。

　　王喜玲借來一輛摩托車，騎上去就走。

　　當上苗木經紀人之後，雖然幾個月下來一單生意沒做成，但是上什麼山唱什麼歌，扶風縣與周邊市縣有幾個苗木市場，王喜玲卻已經打聽得一清二楚，所以她現在只顧往前騎就行。這個市場沒有她要的核桃苗，她就立刻趕往下一個市場，緊接著再趕往下下一個市場。

　　緊趕慢趕的路上，天公偏偏又不作美，下起了淅淅瀝瀝的小雨。

雨一下，路上就變得濕滑，王喜玲駕駛著摩托車，一路小心小心再小心，沒想到最終還是摔倒了。那一刻，她被重重摔在地上，門牙摔掉了一顆，滿嘴都是血，那個痛啊……

但是王喜玲沒有時間傷感，更沒有時間悲痛。萬事開頭難，這第一單生意要是做砸了，那才是千痛萬痛。所以，對她而言，確保六天之內向客戶順利交付兩萬棵核桃苗才是王道。

功夫不負有心人，王喜玲果然在第六天，如數完成了兩萬棵核桃苗的交接。這一次，她不僅淨賺一萬元，更賺到了信譽。在這位客戶的引薦之下，王喜玲又接到了更大一單生意，給雲南客商運送柿子樹苗，一個月時間獲利近六萬元。

從那以後，王喜玲只用兩年時間，就完成了她人生的逆轉，不僅還清了全部欠債，還於二〇一六年十一月成為全扶風縣脫貧攻堅「主動退貧第一人」。

預期的目標實現了，家裡的收入增加了，新房子蓋起來了，手頭

扶風縣喜林苗木果蔬專業合作社苗圃

越來越寬裕了，日子越來越好過了。女兒菲菲的工作穩定了，幸福指數一天比一天高了，婆婆的身體也變好了，臉上也有笑容了。

按理說，王喜玲這時候該鬆口氣，歇歇腳了吧？

沒有。

相反，王喜玲比之前更忙了，用她的話說：「吃水不忘挖井人，一人富不算富，鄉親富才算富。」

王喜玲先是與貧困戶馬會強等五人成立了扶風縣喜林苗木果蔬專業合作社，她任合作社理事長。合作社一經成立就不斷流轉土地，不斷擴大生產規模，不斷將周邊的貧困戶一個一個吸收、吸納到她的合作社來，讓他們跟著她一起發展苗木果蔬的種植，一起走脫貧致富之路。緊接著她更是借助媒體的力量，打響「喜玲」品牌，讓更多的鄉親們搭上順風車，通過勤勞致富的雙手，把日子過得越來越紅火。

18. 王新法：退伍不褪色

　　榮登「中國好人榜」的王新法，是「一個高尚的人，一個純粹的人……一個有益於人民」的大寫的人。

　　王新法是河北省石家莊市人，生於一九五三年，一九六八年穿上綠軍裝，成為一名光榮的中國人民解放軍戰士，十四年之後的一九八二年，王新法從部隊轉業分配到石家莊市公安局，當上了一名人民警察。無論是在人民軍隊還是在公安戰線，王新法始終都是革命工作的一顆螺絲釘，哪裡需要哪裡擰。

　　然而，意想不到的是一九八七年王新法在偵破一起盜竊案時，遭遇了暗算。案犯突然顛倒黑白，反咬一口，誣陷王新法收了他們一千五百元的好處費。王新法最終被定了敲詐勒索罪，判處了一年六個月的刑期，並被開除了黨籍和公職。

　　一年六個月的牢獄之災結束之後，王新法一邊擺地攤謀生，一邊申訴，以證明自己所蒙受的不白之冤。後來，王新法開始開貨車跑長途，之後又與部隊戰友合夥開煤礦，攢下了百萬家產。

　　生活雖然有著落了，手頭也寬裕了，但王新法的心結卻始終無法解開。他堂堂正正做人，何錯之有？他對黨對人民始終無限忠誠，怎麼可能拿犯罪分子給他的好處費而徇私枉法？

　　他是清白的。他必須為自己討回公道。

　　轉機出現在二〇〇八年五月。有一天，王新法結識了石家莊市新華區合作路街道辦事處社會事務辦主任曾德美。曾德美是湖南石門縣人，她是作為一名軍嫂留在石家莊市參加工作的，之後由於工作能力強，辦事出色，又是個學法律的高才生，因此，還成功當選第十二屆石家莊市人大代表。

曾德美與王新法一見面，一接觸，一交談，就被王新法身上的那股軍人氣質所感染，開始整理相關報告材料，以石家莊市人大代表的身份，為王新法的事情積極奔走維權。通過曾德美幾年的不懈努力，二〇一二年九月，石家莊市中級人民法院正式宣告王新法無罪，石家莊市直工委也恢復了他的公職和黨籍。

　　拿到無罪判決書的那一刻，王新法哭了。男兒有淚不輕彈，只是未到傷心處。對於王新法來說，他的名譽比他的生命寶貴百倍千倍萬倍。他終於被證明是清清白白的了。他終於可以重新挺起腰桿堂堂正正做人了。

　　拿到恢復黨籍的批覆，王新法更是熱淚盈眶，心潮澎湃。第二天，他就趕去石家莊市公安局，交了三百多元的黨費。緊接著又找到曾德美，心情激動得像個大男孩，握住曾德美的雙手，久久不願鬆開，一迭連聲地說：「曾大妹子，您讓我如何感謝您才好啊？」

　　曾德美笑了。沒想到，這個年齡已近花甲，但鼻樑依然高挺，雙眼依然炯炯有神，腰板依然筆直的七尺漢子，竟這麼重情重義，她想來想去，不知道說什麼好，最後開玩笑道：「如果你真要謝的話，我老家湖南石門縣薛家村一個村就有四十多名單身漢，你看看，能不能想辦法幫他們一把。」

　　曾德美的一句玩笑話，王新法卻當了真。回到家，他就跟愛人孫景華說出了自己的想法，要她代替他先去湖南看一看。做妻子的心裡明白，丈夫是要報答曾德美的恩情啊，可是，報恩的方式和途徑太多太多，又何必非要採取這一種？再說，她體弱多病，他又不是不知道。但王新法顧不了那麼多，他說他是因為自己脫不了身，才不得不勞駕夫人，孫景華拗不過丈夫，只能奉命行事，而且去了一次還不行，還非得像走親戚一樣去第二次，第三次，非要她把曾德美老家的情況走訪瞭解得一清二楚。就這樣還不夠，王新法自己還親自去了一次。

　　二〇一三年，王新法辦理好自己的退休手續之後，就帶上簡單的行裝，隻身來到了湖南省常德市石門縣南北鎮的薛家村。

薛家村位於湘鄂邊境，地處武陵山脈腹地，這裡群山懷抱，峰巒疊嶂，景色宜人，自然環境非常優美。像所有貧困山區一樣，薛家村地處深山，偏遠閉塞，交通極其不便。

薛家村全村三百零九戶九百八十人，五保低保困難戶八十七戶，因貧困而離異家庭二十二戶，三十歲以上未婚男女四十一人，三分之一村民外出打工，村子裡留守老人、留守孩子占了總人數的一大半。

那天，當穿著一身迷彩服的王新法，帶著自己的鋪蓋卷，風塵僕僕走進薛家村黨支部書記覃遵彪的家，並說明了自己的來意之後，覃遵彪的眉頭擰成了一個大大的疙瘩：「你說的都是真的？」

王新法認認真真地點頭回答：「是真的。」

覃遵彪還是不敢相信，就為了一個感謝，就千里迢迢來到薛家村，來幫助薛家村人脫貧致富？眼前這個叫王新法的男人，他說他今年六十歲，剛剛退休，他竟然為了一個感謝，就放著城裡的好日子不過，就有福不享，他是哪根筋搭錯了，發傻了呢，還是——一個騙子呢？好在薛家村一窮二白，實在沒有什麼東西好騙，他想留下來就讓

王新法在勘測

他留下來吧。

就這樣，王新法在村黨支部書記覃遵彪的安排之下，找到了村民曾德義家棄置多年的一棟老舊木板屋，然後將裡面打掃乾淨，再把鋪蓋卷一放，就算把自己安頓了下來。

讓王新法沒有想到的是，這裡剛剛安頓好，昔日的戰友接到他發出的倡議書之後，竟然也紛紛表示願意加入他的扶貧隊伍裡來。王新法為此激動不已，他立刻將平反昭雪獲得的那筆六十多萬元的補償金拿出來作為自己的扶貧啟動資金，並在他居住的那所老木板屋門前，掛出了「與民共富軍人團隊」的牌匾，正式宣佈湖南薛家村（土家族）共同富裕合作社成立了。

為了更快更好地進入角色開展工作，王新法利用兩個月的時間，踏遍了薛家村的山山嶺嶺、溝溝坎坎，並挨家挨戶找人拉家常，瞭解情況。村裡人多，很難記住每個人的名字，王新法便給許多人取了有趣的綽號，如「撈魚兄弟」、「砍刀兄弟」、「楠樹兄弟」、「時尚大姐」、「蜜蜂妹子」……

「不知怎麼回事，這些綽號從他嘴裡叫出來，叫人聽著反倒那樣親切。」被稱作「撈魚兄弟」的村民傅薄衣如是說。

在對薛家村深入走訪瞭解的過程當中，王新法聽說了這樣一件往事，那是在一九三一年中央紅軍一次「反圍剿」戰役中，駐守湘鄂西根據地的紅四軍被偷襲，一個連的紅軍戰士，衝入敵陣地，以死相搏，拼至彈盡糧絕，最後退至薛家村附近的剪刀峽絕壁頂上，為了不做敵軍俘虜，這些紅軍勇士最後捨身跳崖，英勇就義。當時一些農會會員冒著生命危險，在剪刀峽一帶，共計找到六十八具烈士遺體，並隨即將他們悄悄掩埋在薛家村附近的五個地方。聽完這樣的戰鬥故事，軍人出身的王新法頓時被這些英烈們的偉大壯舉深深震撼，心裡很受觸動，薛家村的路要修，橋要架，飲用水問題要解決，但要挖掉薛家村的窮根，薛家村的紅色基因不能丟，革命傳統不能丟，扶貧必須先扶志。所以他決定，首先要在薛家村建一座烈士陵園。

經過將近一年時間的艱苦努力，薛家村終於在海拔一千一百九十

米的六塔界山頂，建起了山河圓生態烈士陵園，陵園建成之後，王新法又迅速帶領知情人士，將六十八位紅軍烈士的遺骸，隆重莊嚴地一一遷葬到這裡。

這座烈士陵園的建成，不僅具有象徵意義和紀念意義，更是一種精神財富的發揚與傳承。回顧偉大黨的發展歷史，不正是憑藉這種精神力量，由小變大，由弱變強，最終一步步壯大起來的嗎？

修建烈士陵園的同時，修路、架橋、解決飲用水問題，也在同步推進，尤其是缺少飲用水，那是迫在眉睫必須盡快解決的大問題。王新法早在第一次來薛家村的時候就已經瞭解到，薛家村第六村民組的水質嚴重不合格，村民喝水全部指望老天下雨，所以他一到村裡，就把它列入了幾件亟待解決大事的首位。經過多次帶人翻山越嶺的尋找，有一天他終於在六塔界的半山腰找到了一個很大的泉水源，之後又專門請專家現場考察評估，等到確定它是一個取水源之後，王新法立刻出資並帶人修建了兩個蓄水量均為五十立方米的蓄水池，鋪設了一條五千多米長的輸水管道，讓第六村民組的群眾從此喝上了乾淨放心的水。

從住進那棟木板屋的第一天開始，王新法就把自己的鬧鐘定在了5：47，然後開始從早到晚不停地在薛家村奔波忙碌起來。之後有一部根據王新法真人真事改編拍攝的電影片名就叫《5：47》。

「天地之間有桿秤，那秤砣是老百姓……」

慢慢地，王新法贏得了薛家村人的信任和讚譽。二〇一四年四月，在村委會換屆大會上，王新法被幹部群眾推舉為「名譽村長」。

二〇一五年的農曆小年，薛家村的村兩委幹部和群眾吹著嗩吶、敲著鑼鼓、提著慰問品，一起走到王新法住的那棟老舊木板屋，來給他拜年。村民白芳梅手舉連著纓子和根的蘿蔔對王新法說：「我沒有啥子好送給你的，這是我自己種的蘿蔔，纓子代表我們像親人一樣親，根代表我們的心永遠在一起。」

王新法激動得無以言表：「這是我這輩子收到的最貴重的一件禮物，我一定好好珍藏！」說到這裡，他啪的一個立正，然後舉起手，

向全體鄉親們敬了一個最高標準的軍禮：「我雖然是一名退伍軍人，但我退伍不褪色。我會永遠忠於使命，永遠和鄉親們待在一起，我沒有別的要求，只要到那時候，給我在六塔界留個坑就行了。」

誓言錚錚，誓言鏗鏘。

沒想到兩年之後的二〇一七年二月二十三日，王新法卻因為勞累過度，突發心肌梗死，從此長眠不醒。

薛家村黨支部書記覃遵彪眼含熱淚回顧說：「王新法來薛家村只有短短的四年多時間，但在這一千七百多個日子裡，王新法和他的團隊卻帶領村民拓寬了十多公里的村道，架設了六座橋樑，劈山炸石修建了五公里的山道，還把村通組道路修到了三十多戶村民的家門口。尤其是他帶領鄉親們開發的一千五百畝生態茶園，那是真正的聚寶盆，它使全村人的平均收入從兩千多增加到了六千多元，而我，一開始跟許多鄉親們一樣，還認為他是一個騙子……」

說到這裡，覃遵彪早已經泣不成聲。

「與民共富軍人團隊」常年駐薛家村中的一位軍轉女參謀謝淼，淚眼婆娑地整理王新法遺物的時候發現，王新法僅有的幾身衣服，除

王新法（中）帶領群眾在修路架橋

了迷彩服還是迷彩服，鞋子也還是那幾雙軍用半筒靴，背心和外衣都磨破了，補丁一個連著一個。給王新法入殮時，竟找不出一身像樣的衣服。而在她掌管的流水帳簿上，王新法的開支卻是那樣大方：修山河圓烈士陵園，他拿出了六十四萬元；修建第六村民組蓄水池，鋪設輸水管道，他拿出了十萬元；修下河通村通戶路，他拿出了十多萬元；成立五行緣公司，他為公司的啓動拿出了三十萬元；修後灣石橋，他又拿出了兩萬元；給鄉親們免費贈送節能燈、節能燃氣灶，他掏出了一萬多元……總計達一百二十萬元之多。

王新法和妻子的退休工資分別為四千多元和三千多元，妻子孫景華體弱多病，一大半的退休工資都用於買藥，日常開銷自然捉襟見肘；女兒王婷、女婿譚銳分居兩地，一個在石家莊，一個在北京，女婿迄今還在北京租房居住……

二〇一七年二月二十六日，天空湛藍，雲海翻滾，從石門縣殯儀館到薛家村，上萬群眾百里相送，薛家村人個個淚流滿面，將王新法請回山河圓，在那面常年迎風飄揚著的鮮豔的五星紅旗的指引下，王新法成為六塔界烈士陵園裡面第六十九名烈士。

「燕人重義，一腔碧血肥湘土；楚天多情，滿目紅雲載雄魂。」巨大的輓聯，寄託了人們對王新法這位扶貧老兵的深切哀思和無限緬懷。

19. 聞彬軍：生態農業玩出新花樣

　　神峰山位於湖北省黃岡市英山縣。神峰山下的玉帶西河蜿蜒蕩漾，山連著水，水連著山，山水相連，相映成趣。神峰山不僅險峻秀麗，地理位置也非常重要，歷史上歷來都是兵家必爭之地，素有「鄂皖咽喉、江淮要塞」之稱。

　　神峰山不僅地理位置重要，景色宜人，神峰山的美麗傳說更是神奇迷離，數不勝數，有文字記載的最起碼可以追溯到唐朝，說是很久以前，這裡原是一片開闊的田野，是個盛產稻穀和桑茶的好地方，可是有一天夜裡突然電閃雷鳴，風雨交加，那轟鳴雷聲，簡直開天闢地，排山倒海……

　　直到第二天黎明時分方才雨過天晴，老百姓起來一看，全部驚呆了，眼前突然就聳立起一座山峰來了，它不僅高聳巍峨，孤峰獨傲，氣勢雄偉磅礴，怪石嶙峋，而且雲蒸霞蔚，雲霧繚繞，煙雨濛濛，仿若紫氣東來，如仙如幻，簡直猶如仙山佛地一般。此事一傳十，十傳百，最後竟然傳到皇帝那裡，皇帝一開始似信非信，於是便派欽差大臣前來一探究竟。欽差大臣來看了之後，也連連驚歎不已，人們從此便把它稱作神峰山……

　　傳說畢竟只是傳說，它再美妙動人，終究也只是看不見，摸不著。然而，如今坐落在神峰山下的神峰山莊，卻向世人展示了一個實實在在、看得見摸得著的當代傳說，聽起來同樣美妙動人。這個當代傳說的主人公，就是二○一八年「全國脫貧攻堅獎奉獻獎」獲得者，他的名字叫聞彬軍。

　　聞彬軍一九七三年出生，湖北英山人。

　　湖北省英山縣，地處大別山腹地，屬於革命老區，二○一四年建

立貧困人口檔案的時候，總人口不到四十萬的英山縣，貧困人口就有十萬之多。

聞彬軍的父親聞繼剛、母親鄭桂蘭雖然在當地開照相館爲業，但其收入實在微薄，只夠一家五口緊緊巴巴勉強度日。聞彬軍後來回憶，從根本上來說，他是個窮孩子出身，從小到大，父母親除了確保他和弟弟妹妹吃飽穿暖，沒有給過他們任何物質上的享受，他們兄妹三人穿的衣服，基本上都是「新三年舊三年，縫縫補補又三年」，但父母親卻給了他們無比寶貴的精神財富和良好的家風傳承，概括起來就是：努力進取，積極向上，勤儉持家，吃苦耐勞，有捨有得，不捨不得。

聞彬軍長得敦實憨厚，皮膚黝黑。從外貌上看，他實在不起眼、不出眾，但那雙黑亮有神的眼睛，每一次眨動都透露出了他的精明睿智與桀驁不馴。

聞彬軍一九九三年考取了湖北大學生命科學系，走出了大山。

大學畢業後，他應聘去了江蘇一家知名度很高的食品公司幹銷售，憑藉「窮孩子不怕苦不怕累」的韌勁、衝勁和幹勁，他很快做到了這家大公司的全國銷售冠軍。

按理說站上這樣一個高平臺之後，聞彬軍接下來應該穩紮穩打才是，他不，他於二〇〇〇年離開了那家大公司，與朋友一起去了首都北京，開始走上了自主創業之路。短短幾年時間，他就先後創辦了北京江中藥生物研究所等多個公司，註冊了數以百計的產品商標，創造了年銷售收入過四億元的輝煌業績。

聞彬軍因此不僅在北京城買了房子，給父母在鄉下蓋了新房，連弟弟妹妹們也都得到了他的雨露陽光，全家人都過上了夢寐以求的富裕生活。

在北京站穩腳跟，有房有車，有產有業，這是多少人夢寐以求而不得的事情啊。按理說，聞彬軍這下應該知足常樂了吧？他不，他竟說服妻子葛春宇，跟他一起回到了湖北英山的老家。

爲什麼？因爲他與妻子葛春宇每次回老家過春節的時候，發現鄉

親們依舊過著節衣縮食的日子，更有許多貧困家庭還在溫飽線上下苦掙苦熬。

「有捨有得，不捨不得。」這是老祖宗留下來的優良傳統，也是聞家代代相傳的良好家風。聞彬軍通過自己的努力改變了家庭的命運，讓一家人都過上了豐衣足食的好日子，他為什麼不能通過自己更進一步的努力，來改變家鄉的貧困面貌，讓他的父老鄉親都能夠過上好日子呢？

聞彬軍帶著這樣的一顆心回來了，回到了他的桑梓之地。

回到家鄉準備大展宏圖的聞彬軍，自然雄心勃勃，躊躇滿志。他首先出資註冊成立了千禧生態農業公司，然後在神峰山下開始建造神峰山莊，緊接著開始招兵買馬，並按照他的發展思路和發展理念，開始培訓員工。為了牢固樹立每一個員工的理想信念，更為了鍛煉他們的膽量和心智，聞彬軍要求他們都站到馬路上去，大聲說出自己的名字，大聲喊出自己的口號。與此同時，他還外聘了舞蹈、聲樂老師，來給員工們講授和培訓表演、禮儀等方面的知識，要求他們在工作期間，注重自己的衣著裝扮、容貌修飾、儀表儀容和一顰一笑，讓「賓至如歸」這一服務理念，真正體現到他們的每一個細微動作上面。另外他還從中專門挑選能歌善舞的女員工，成立一支文藝表演隊伍……

然而，讓他沒有想到的是，無論從最初在江蘇那家知名度很高的食品公司幹銷售，還是之後在北京自主創業成立幾個公司，他始終都做得風生水起、得心應手，幾乎可以說是一路暢通無阻，偏偏回到自己的家鄉之後，他一以貫之的那種發展理念和經營模式，卻遭到了種種挑戰，遇到了重重阻礙，最後甚至連他的父母都對他的做法皺起了眉頭，表示很不理解，也更無法接受。讓他更沒有想到的是，當他提出要在神峰山莊建大型水上餐廳，建電影放映廳，建北京四合院，建養老別墅，建會議中心，建休閒娛樂設施等想法的時候，本來跟他合作好好的幾個家鄉夥伴，包括他的堂兄弟，卻都很不以為然，都認為他瘋了，最後竟然跟他說散夥就散夥了。千禧生態農業公司開張剛剛三個月，隨即說關門就關門了。

這是聞彬軍第一次栽這麼大的跟頭。

他一下子栽懵住了。

是不是自己錯了？

是不是之前走的路太順了，自己有點飄飄然，有點得意忘形了？抑或自己放棄在北京打拼出來的那片天地，不好好在那裡守業，卻堅持要回到家鄉，寄希望於通過自己的努力，能夠帶領鄉親們走共同致富道路的初衷就是一個錯誤？

如果說「有捨有得，不捨不得」是一種做人準則，那麼「窮則獨善其身，達則兼濟天下」則是做人的更高一層境界了。然而你聞彬軍又「達」了什麼？即便你懷有這份胸襟，但你具備了這份能力沒有？你是不是過於高估了自己因而有點好高騖遠了？

自己究竟錯在哪兒了呢？

聞彬軍既鬱悶又百思不得其解。

現在應該怎麼辦？是知難而退，還是逆風而上、激流勇進？

那幾天，聞彬軍天天在神峰山下的玉帶西河畔徘徊。他覺得他確實需要冷靜思考一下，也更有必要將自己的思路重新理一理。

恰恰就在這個時候，金家鋪鎮黃林沖村的黨支部書記汪世雄找到了聞彬軍。這個當過六年兵的退伍老兵快人快語，他開門見山地說，黃林沖村雖然離聞老闆的神峰山莊遠了一些，但卻是唇齒相依的鄰居，有道是遠親不如近鄰，他希望聞老闆在發展神峰山莊的同時，也能給黃林沖村分一杯羹，合作共贏……

聞彬軍當時只是微微一笑，沒有給汪世雄明確的答覆，但當他聽說，這位六十一歲的老支部書記，為了修建阻礙村民出行的黃林沖大橋，竟然拿出自己小兒子的車禍賠償金代付建橋工程款這件事情之後，聞彬軍的心被震動了。什麼叫主心骨？汪世雄老支書就是人民群眾真正的主心骨啊，這種自利更利他的行為，就是對「達」字最好的注解啊。

那一刻，聞彬軍感覺心裡有一股暖流在湧動，他感覺自己一下子找到了他想要的答案，他舉起雙手，面對神峰山做了一個「V」字動

聞彬軍（右二）在蔬菜基地教授育苗技術

作，它既表示決心、信心與信念，也表示勝利終將屬於他。

很快，聞彬軍的湖北先穠壇生態農業有限公司宣告成立，公司也很快從神峰山莊的大本營孔家坊鄉的新鋪村以及周邊相鄰的金家鋪鎮黃林沖村、鄭家沖村、岳家沖村等，先期流轉了大片土地，作為公司的種養殖基地，並與農戶簽署了種養殖合作協定，協定明確了雙方的權利和義務，公司給每畝地的流轉費為一年六百元，農戶在基地做工，一年保底收入三・六萬元，基地另外還有分紅，三者相加起來，農戶的收入基本上可以翻番。

與此同時，公司對種養殖基地的所有農戶也進行了明確要求和規定，他們種植的蔬菜瓜果，都必須堅持不施一粒化肥，不打一滴農藥；他們餵養的所有家禽包括水產品，都必須確保不准餵食任何添加劑飼料；他們餵養的生豬品種，必須確保絕大部分都是黑禧豬，而且必須餵養一年以上才能出欄提供給山莊。

所有養豬戶的豬圈底下都建有沼氣池，他們家所養的豬，不僅不准餵食任何添加劑飼料，而且其餵養的豬排泄出來的糞便，都順著專

門管道流入沼氣池。沼氣池產生的沼氣，再通過專門的管道連接到每一個農戶的灶台，而沼氣池裡面留下的沼渣，則被統一運送到蔬菜種植基地，作為有機肥撒到地裡，為蔬菜生長提供充足的養分和養料，從而真正形成一條完備的生態產業鏈條，為神峰山莊建立一整套無公害綠色食品奠定了最堅實的基礎。

聞彬軍在努力打造這條完備生態產業鏈條的同時，更在打響神峰山莊的品牌方面，鉚足了勁頭，下足了功夫。他要求他的團隊包括每一位員工確保做到，讓每一位來到神峰山莊的客人，都能飽覽神峰山的秀麗，體驗神峰山如詩如畫的美景；都能飽嘗神峰山人為他們提供的每一道美味又環保的農家菜肴，即使吃一塊糍粑，喝一碗豆腐腦，都能嚼出小時候的味道；都能在欣賞神峰人表演《印象大別山》的時候，重溫那段紅色崢嶸歲月……

聞彬軍的目標是要把他的山莊打造成中國現代農業的新地標，他現在所開發的大別山新文化＋新農業＋新健康複合運營模式，將成為中國農業的一個新亮點。聞彬軍認為，他為之嘔心瀝血奮鬥的事業，

農戶陳念林在神峰山莊的技術指導下成為定點養殖大戶

正是在一步一個腳印地忠實踐行「綠水青山就是金山銀山」這個偉大的發展理念。

　　也正因爲確定了這個核心思想，所以神峰山莊的整個發展模式始終都是「主題先行」的，所以聞彬軍才會非常明確規定和嚴格要求他的團隊包括山莊裡面的每一位員工，在確保每一位來到神峰山莊的客人都能吃好、喝好、玩好——縱情享受神峰人給他們帶來的愉悅歡樂的基礎之上，更能領略和聆聽神峰人所宣導和傳遞出的生態綠色環保理念，從而進一步加深對生態農業、綠色農業、循環農業和文化農業的印象。只要達到這個目標，神峰山莊的品牌就會越打越響亮。

　　事實也的確如此，無數到過神峰山莊的遊客，不僅對吃、喝、遊、玩、住都留下了「賓至如歸」、「好吃不貴」、「開心益智」的深刻印象，更對神峰人向他們宣導和傳遞出的生態綠色環保理念讚不絕口。

　　如今，聞彬軍創建的神峰山莊已經被國家有關部門正式確定命名爲中國生命谷、國家運動員綠色食品基地，同時也成爲湖北省農業產業化重點龍頭企業，國家AAA級旅遊風景區。

聞彬軍（左）在給當地的農民培訓

神峰山莊全貌

　　短短幾年時間，神峰山莊就爲大別山國家連片特困地區培養了一萬餘名新型職業農民，公司直接安排就業人員達三千四百五十六人，對接幫扶貧困戶一千兩百零四戶三千六百一十一人，年均爲貧困對象直接增收二‧九億元，神峰山莊的生態農業直接帶動英山縣及周邊大約七萬農民走上了脫貧致富之路，也爲大別山三省十九縣精準扶貧和鄉村振興樹立了一個全新標杆，探索出了一條成功的路徑。

20. 徐冬梅：冬梅傲雪綻放

梅花不畏嚴寒，傲立雪中，是一種象徵，象徵堅韌不拔，百折不撓，奮勇當先。幾千年來，梅花那迎雪吐豔、凌寒飄香、鐵骨冰心的崇高品質和堅貞氣節，鼓舞和激勵了一代又一代中華兒女不畏艱險、勇於開拓，譜寫了一曲又一曲時代最美讚歌。

帶著抗癌藥重返扶貧第一線，二〇一八年，被授予「全國脫貧攻堅獎貢獻獎」榮譽稱號的徐冬梅，就是這樣一支傲雪梅花。

徐冬梅，一九六二年出生，安徽省行政學院副教授，九三學社社員。

時間還得追溯到二〇〇九年，徐冬梅受邀去給一個縣長培訓班講課。為了不辱使命，把榮譽看得比生命還寶貴的徐冬梅，在準備講課大綱之前，決定先去農村進行一次實地走訪調研，手中有糧，心中不慌嘛。就是這次淮北之行所看到的農村現狀，戳中了徐冬梅內心最柔軟之處，從那時候開始，她就萌生了一定要到農村幫助農民的想法。

自全國扶貧工作進入關鍵階段，各黨政機關單位經常選派扶貧幹部到農村參加扶貧工作以來，徐冬梅就開始多次向組織申請，要求將她派往基層，去盡她所能幫助貧困群眾，但都未能如願。

直到二〇一七年四二十七日傍晚，學院黨委正式通知徐冬梅：安徽行政學院駐王寨村扶貧工作隊隊長徐傑，副隊長徐冬梅，隊員扶貧專幹趙成才、唐基元，請於四二十八日早晨6：30準時出發，去安徽省阜陽市潁泉區伍明鎮王寨村報到。

得到這個消息，徐冬梅激動得徹夜難眠，第二天一大早，他們一行四人，就坐上隊長徐傑的私家車，從省城合肥出發，一路風馳電掣到達了目的地。

王寨村地處潁泉、太和、利辛三縣區交界處，是一個出了名的貧困村。

儘管來王寨村之前，他們已經做好了各種思想準備，然而現實情況，卻遠比他們想像的還要困難。村裡沒有自來水，從井裡打上來的井水又苦又澀，難以下嚥，出生和長在南方的徐傑，還沒等住下來，就因為水土不服，而出現腹瀉，結結實實被打了個下馬威。但徐傑年輕，又是隊長，雖然眉頭直皺，最終還是咬牙挺住了。趙成才和唐基元呢，也都年輕力壯，血氣方剛，參加扶貧工作隊，本來就是他們主動請纓爭取來的，困難再大，也沒有他們的決心和信心大。倒是徐老師，工作隊裡年齡最大，又是女同志，這才是他們最擔心的。

徐冬梅馬上笑著做出回應：「你們能克服的困難，我就更不在話下。」

四個人都是學院各學科的優秀骨幹。四個人都懷有一顆報效國家的赤子之心。為了共同肩負的使命，四個人組成的這支扶貧工作隊，就是一個戰鬥整體，只要四個人的心緊緊貼在一起，就會攻無不克、戰無不勝。

安頓好行裝，打理好住處，四人工作隊就立刻進入工作狀態。按照扶貧工作的流程和要求，他們用了不到一個月的時間，就完成了走村入戶的走訪調查任務。當他們坐下來整理手中的走訪記錄材料時，四個人的嘴巴不約而同地張成了一個O形：王寨村十八個自然村一千五百五十八戶人家，七千畝土地。除了缺水少電、道路泥濘難行、溝渠垃圾成堆等一系列問題之外，二〇一六年村集體收入竟然僅為六千元，村委會還倒欠村民九千元，而村民們的人均年收入不到兩千元。

王寨村基礎設施非常薄弱，產業更落後，全年兩季作物，一季麥子、一季玉米，一畝地的收入，恐怕在全國都能排在倒數的位置。

在徐冬梅和她的扶貧工作隊的眼裡，王寨村的天空只有兩種顏色：第一種顏色是灰色，第二種顏色是黑色。

他們原本以為，這裡沒有什麼工礦企業，沒有什麼污染氣體排

放，這裡的空氣品質應該是沒有什麼問題的。可是，讓他們沒有想到的是，這裡的天空竟然是灰色的，極少能見到藍天白雲，空氣中瀰漫著嗆鼻的顆粒物以及難聞的牛羊糞便的氣味，還有漫天飛舞的楊絮。村中的道路，除了一條新建的水泥路之外，幾乎都是「晴天一身灰、雨天一腳泥」的土路。

再有的就是牛羊的糞便是黑色的，入夜的村莊是黑色的，村裡的農業發展計畫也是兩眼一抹黑。

這就是王寨村的現實。

這就是扶貧工作隊每個成員的扶貧手冊上記錄下來的實際情況。

問題已經一個個擺在了面前，如何做到因村制宜、因戶施策？又如何做到精準識別、精準扶貧？這些都是亟待解決的現實問題。

四人同心，其利斷金。

徐冬梅（左二）和農民朋友們在田間檢查中草藥作物的長勢

一個月後，經過反復討論研究，他們很快為村裡量身定制了一年計畫和三年規劃。緊接著，四個人又做出了明確分工，真正做到各司其職。他們出思路、跑專案、拉贊助、籌資金，因地制宜地開展綜合扶貧工作。僅過了半年多，村裡就變了樣：逐步實施了自來水工程、光伏發電站建設，並同步開展了環境治理工作、貧困兒童救助、貧困家庭對口幫扶等一系列扶貧工程，與此同時，還很快恢復完善了黨員活動室、村民服務大廳、電子商務扶貧驛站、村民文化健身廣場之類的基礎服務設施。

　　用徐冬梅的話形容，這是王寨村從「輸血模式」逐步向「造血模式」的一種過渡。要想讓王寨村真正出列，還必須在提高整個村子的造血機制和造血功能上下功夫，而要達到這個目的，首先要將發展壯大村集體經濟作為切入點。

　　王寨村集體經濟基礎雖然薄弱，產業結構單一，但村民有中藥材、鳳仙花、紅薯粉絲加工製作包括家禽的種養殖傳統，只要把大家組織起來，成立專業種養殖合作社，擴大種養殖規模，就能夠促進產業的升級改造，就能夠從根本上解決村民與村集體經濟的收入來源問題。另外，大力鼓勵和幫助貧困戶家庭開展豬牛羊等家禽的養殖，也是一條增加村民收入的不二管道。

　　再有就是治貧先治愚。

　　村裡有一位叫張克江的村民，腿腳三級殘疾，一輩子沒有婚娶，是徐冬梅的重點幫扶對象。徐冬梅第一次走進他家，就被屋子裡的景象驚呆了，整個環境就是髒亂差。白天去沒找到他，晚上再去的時候，家裡依然是黑乎乎一片，那時候張克江已經躺在羊圈邊上的一張小床上，床頭邊上還有幾隻小羊頭在那裡晃來晃去。徐冬梅問他為啥睡在羊圈裡，他的回答讓人聽了更是心酸，說是怕他養的羊被人偷了。

　　張克江的這種情況，讓徐冬梅深深感覺到，根治貧窮，首先還是要從改變落後觀念開始。通過一次次走訪，她一邊反復勸導張克江改變生活方式，說明人畜混雜的危害；另一邊又從各方面幫助他分析查

徐冬梅（右）在幫扶孤兒

找造成貧困的原因，並反復向他宣講國家的扶貧政策。在徐冬梅細緻
入微的幫助下，張克江不僅很快轉變了思想觀念，種植習慣也發生了
改變，改種了附加值更高的中草藥，羊也由圈養改成了草地餵養。一
年不到的時間，張克江家裡的衛生條件得到了根本改變，人也變得清
爽起來，收入更是從原先的年收入一千五百元左右猛增到近萬元。

　　王寨村有一個五歲的小孤兒，名字叫赫登清，非常孤獨，也非常
可憐。徐冬梅知道情況後，無論工作多忙多累，都要抽時間去看望
他，除了給他帶去生活的必需品之外，更多的是給他帶去母親一般的
溫暖和關懷，之後還專程帶他到省城合肥，讓他接觸更廣闊的外部世
界，讓他充分感受人間真情，從而健康活潑地成長。

　　村裡有一位名叫吳翠琴的婦女，丈夫早逝，她一個人帶著三個孩
子生活，家裡唯一的收入來源，都指望幾畝承包地，每天的日常生活
都難以為繼。瞭解情況之後，徐冬梅就和工作隊隊長徐傑一起，反復

與鎮、村領導交流學習黨中央國務院頒發的一系列扶貧政策和相關文件精神的心得體會，最後終於將吳翠琴一家納入低保範圍，徐冬梅又拿出九百元，作爲吳翠琴女兒的學費，眞正解決她的實際困難，讓她重拾生活信心，之後又介紹她到村裡剛建立起來的扶貧車間上班，這樣既能使她增加經濟收入，又能就近照顧到家裡的孩子。

從入住王寨村第一天開始，徐冬梅和她的扶貧工作隊成員，就像戰士接到堅守陣地的命令，始終吃苦在前，衝鋒在前。

不到一年的時間，王寨村的灰色和黑色，就變成了亮色和白色：村莊亮了——有了熱鬧的村民文化廣場，有了明亮的路燈，有了二十四小時值班的村民服務大廳；村民的氣色也亮了——話多了，活動多了，爽朗的笑聲也多了；水泥道路穿村連門，白晃晃得耀眼；溝渠整治後，銀波蕩漾；白色的紅薯粉採用古法炮製，加工製作出雪白乾淨的紅薯粉絲，通過電子商務扶貧驛站被打造成線上線下都受人喜

王寨村村民文化廣場

王寨村經過環境整治後的環村大渠

愛的網紅產品。

　　不到一年的時間，徐冬梅的扶貧筆記就寫了整整五本，正如她在微信朋友圈裡所寫的那樣：「當個人理想與組織需求相契合時，那叫幸福！」

　　是的，當一個人把工作當成快樂，把付出當成一種生命的必須，那麼她或他的人生就必定是忘我的，也是最充實最幸福的。

　　然而，誰都沒有想到，二○一七年十一月五日，徐冬梅回合肥參加單位組織的體檢時，卻查出肺部長了腫瘤。徐冬梅當時就發蒙了：怎麼可能？會不會搞錯了？

　　還是按照體檢醫生的要求，去找專家診斷一下吧。

　　可是，萬一確診了呢？

　　王寨村的扶貧工作正值關鍵時期，任何一個差錯都會前功盡棄。首先，村民文化廣場還正在建設當中，有些村民還不肯置換地塊；

「一村一品」工程正在推出，有的村民還不願意進行土地流轉；電子商務扶貧驛站還需要安徽行政學院和九三學社的專家們來進行具體指導和不斷充實完善。

最最關鍵的還在於，馬上就要進行扶貧工作驗收了……雖然說他們四人扶貧工作隊是一個戰鬥序列，是一個整體，但具體工作還是有明確分工的，每個人都有每個人的戰鬥崗位，每個人的戰鬥任務都很艱巨，是缺一不可的，如果自己這時候停下腳步，豈不等於拖了整個戰鬥團隊的後腿？

不行，無論如何都必須回王寨村。

就這樣，徐冬梅收起那份體檢報告，毅然驅車返回了王寨村。

為順利完成這次扶貧工作驗收，在隊長徐傑的帶領下，徐冬梅和趙成才、唐基元夜以繼日，加班加點，有時候經常一幹就是十幾個小時，在大家的共同努力之下，王寨村最終以優異的成績通過了協力廠商評估，全村一百七十八戶三百七十九人當年順利脫貧，沒有一個回退。

等到這項工作終於告一段落，大家都鬆了一口氣之後，徐冬梅這才請假回到合肥，到醫院經過詳細檢查，確診肺部長了腫瘤，必須立即進行手術治療。手術雖然進行得很成功，但因為癌細胞已經感染部分淋巴，徐冬梅又不得不按照醫生的要求，開始進行化療。

二〇一八年的五月初，徐冬梅剛剛完成最後一次化療，便向丈夫和女兒提出要回王寨村的請求，未等丈夫和女兒開口，她的主治醫師首先告訴她：「你的身體尚在恢復期，不能勞累，疲勞容易造成癌症復發和轉移。」

守在徐冬梅身邊的丈夫問：「是你的身體重要，還是你的工作重要？」

徐冬梅不假思索地回答：「當然是我的工作重要。」

「唉──」丈夫發出長長的歎息。

徐冬梅笑道：「你忘啦，為了去農村參加扶貧，我向組織上申請了多少次？那是我的一個夢，是我的夙願啊。」

「這個夢，你不是已經實現了嗎？」

「可是我的扶貧工作還沒有結束，我的扶貧任務還沒有完成啊。」

說著話，徐冬梅就拿出了手機，接通了與王寨村村民的一段段微信視頻通話，當看到小孤兒赫登清對著螢幕前的徐冬梅說「俺又想你了」的時候，站在一旁的女兒說：「媽媽，您什麼也別說了，我理解您。我明天就開車送您去王寨村。」

第二天，女兒帶上媽媽的抗癌藥品以及一些生活必需品，真的開車把徐冬梅送回到了王寨村。

21. 張渠偉：在沒有硝煙的戰場上負了傷

　　渠江是流經四川省達州市渠縣的一條江。

　　渠偉是一個人的名字，他的全名叫張渠偉。二〇一八年度「全國脫貧攻堅獎貢獻獎」得主，「感動中國二〇一八年度人物」。

　　革命戰爭年代，四川達州曾經是川陝革命根據地的一個重要組成部分，李先念、徐向前、許世友等老一輩無產階級革命家，曾經在這裡帶領中國工農紅軍與國民黨反動勢力進行過浴血奮戰，曾經在這裡播撒過紅色革命火種。

　　一九六六年九月出生在渠縣三板鎮福城村的張渠偉，是從小聽著渠縣的紅色故事慢慢長大的。李先念、徐向前、許世友等革命先輩為中國革命所立下的豐功偉業，張渠偉是從小就印刻在腦海和心坎裡的。

　　張渠偉小的時候，母親就體弱多病，一家人的生活來源，全靠父親一人支撐。從小到大，他們四兄妹饑一頓飽一頓，過的都是苦日子。有時候，為了一碗麵條、一個雞蛋，他們四兄妹你推我讓的情景，任何時候回想起來，心裡都是酸酸的。

　　貧窮和困苦，從小就在張渠偉心裡打上了深深的烙印。

　　改變貧窮落後的生活面貌，是張渠偉從小就立下的志願。

　　張渠偉的父親張家固是一名老共產黨員，更是一名苦幹實幹的基層幹部。他頭頂草帽、手揮鋤頭、肩擔糞桶，帶領鄉親們在山上種植柑橘樹，為鄉親們開闢增收管道的情景，同樣一幕幕深深印刻在張渠偉的腦海和心坎裡。

　　「吃苦和奉獻永遠都是一個共產黨員的本色。」「黨員幹部要時時刻刻想在前、幹在前、衝在前。」

渠縣東城全景圖

　　這是張家四兄妹從小到大聽得最多的兩句話。

　　這兩句話，再加上紅色革命基因早已在張渠偉心中生根發芽，兩者一旦交匯，便成為張渠偉內心勢不可擋的一股巨大洪流，始終牽引著他朝著從小就立下的那個志向闊步前進。

　　張渠偉是在二○一四年三月正式調任渠縣扶貧和移民工作局局長的，從此他真正成為渠縣扶貧第一線的排頭兵。

　　渠縣位於四川省達州市西南部，是國家秦巴山區連片扶貧開發重點縣，也是四川省脫貧攻堅行動八十八個重點貧困縣之一。二○一四年，全縣貧困村一百三十個，貧困人口十四萬多，貧困發生率

12.1%。

　　作為渠縣扶貧和移民工作局局長，全縣脫貧攻堅的重擔一下子壓到了張渠偉的肩膀之上，他覺得這是天降大任於斯人。但當他第一時間翻閱全縣的貧困數據，看到143802個貧困人口這個數據的時候，他還是著實嚇了一跳。傳說中的「稀飯縣」，看來並非空穴來風啊。

　　面對如此艱巨的脫貧攻堅任務，渠縣扶貧和移民工作局一定兵多將廣、戰將如雲吧？拿過花名冊，從前到後，看來看去，張渠偉麾下都只有十名站班人員。

　　但張渠偉的眉頭還沒有形成彎折結構，就又立刻橫平豎直了。從

參加工作第一天起，對於領導佈置的任何任務，他都沒有打過折扣，現在正值全國深入推進精準扶貧的關鍵時期，黨組織把這麼重要的任務交給自己，那就更沒有理由想這想那，就一個字：幹。

為了不辜負黨組織對自己的信任和期待，也為了自我加壓，張渠偉又立刻與縣委縣政府簽下軍令狀，以表明他堅決打贏這場脫貧攻堅戰的信心和決心。

簽了軍令狀，張渠偉就帶領他的戰鬥團隊進入戰時狀態了。

張渠偉的作戰指揮所在縣城，但為了不打無準備之仗和不打無把握之仗，他幾乎一有時間就要深入第一線，用他的話說就是，沒有親身經歷，沒有一村一戶的實地察看和調查，就不知道身邊還有不蔽風雨的「穿斗房」、「乾壘房」、「土坯房」，就體會不到脫貧攻堅的緊迫感和使命感，就感受不到推動扶貧工作的重要性和艱巨性，「精準扶貧」就只能成為一句空話。

易地扶貧搬遷，也叫「挪窮窩」，這是全國範圍內普遍實行的一項脫貧攻堅戰略，但具體實施起來，卻困難重重，「金窩銀窩不如自己的狗窩」、「故土難離」等思想觀念，是很多貧困戶不願意搬遷的主要原因之一，作為脫貧攻堅的指揮員，張渠偉沒有坐在指揮所聽彙報、下命令，而是直接來到貧困戶中間，告訴他們：「我也是農民出身，我能理解你們的心理感受，但政府讓你們搬遷的目的，是為了讓你們今後都能過上好日子。」

一位大山深處的貧困戶卻反問張渠偉：「下山後我去哪裡養羊？養不了羊，你拿啥子來讓我過上好日子？你敢拍胸脯保證我不再過窮日子？」

張渠偉一拍胸脯回答：「我敢！」

還有一位叫萬清陽的貧困戶，他腿有殘疾，行動很不方便，堅決不願意搬。

張渠偉告訴他們，他在全縣提出的扶貧搬遷工作思路是：「產業圍繞房子轉，房子圍繞產業建。」目的就是要確保搬得出，站得穩，就是要解決廣大搬遷戶的後顧之憂。然而，任憑張渠偉如何開導勸

說，他們都認為張渠偉是在給他們畫大餅，他們的回答就是兩個字：不搬。

　　第一次沒有成功，張渠偉沒有氣餒，而是緊接著去第二次，第三次，直到真正把他們的思想疙瘩解開，讓他們心甘情願地搬遷到新的居民定居點。

　　有一位叫周英的農戶，一來捨不得自己的老房子，二來可以在那裡養雞養鴨種蔬菜，已經過慣了那種自給自足的小日子，說什麼也不同意跟隨整村搬到新的居民點，張渠偉就隔三岔五到她家去做她的思想工作，據周英自己說，張渠偉局長「硬是談了大半年，提供了各種保障，我們才搬的家」。

　　現在她自己在檸檬基地打工掙錢，丈夫也通過培訓在渠縣找到了工作，每天能收入兩百元左右，相比以前，收入一下子提高了許多。

　　敢拍胸脯是領導幹部取信於民的前提條件，也是有利於開展脫貧工作的關鍵之所在，但拍了胸脯，卻兌現不了承諾，那損害的，就不

張渠偉（左三）現場查看易地搬遷集中安置點建設進度

僅是個人的信譽，同時也損害了黨和政府的形象，這是張渠偉絕對不能容忍，也是絕對不允許在他身上發生的事情。

　　渠縣山多，土地貧瘠，資源匱乏，實行易地扶貧搬遷是必由之路。但在實施扶貧搬遷的同時，還必須與產業扶貧相結合，只有產業振興了，經濟發展了，廣大貧困戶才能增加收入來源，才能真正實現脫貧致富的目標，所以，對於整個渠縣來說，產業扶貧同樣是關鍵。而想要把這個經濟蛋糕做大做強，首先就要在引資上面花大力氣，下大功夫。

　　幾經輾轉，張渠偉終於掌握了一條重要訊息，有一個叫王超的渠縣籍退役軍人，在福建發展得風生水起，但他沒有返鄉創業、助力家鄉脫貧的意願。瞭解到這一情況之後，張渠偉便親自趕赴福建，做他的工作。第一次見面，王超出於禮貌，答應了張渠偉的邀請，卻絕口不提返鄉投資的事情。

　　第一次無功而返，張渠偉不甘心，又第二次趕赴福建。這一次，

張渠偉（左）到碩源農業瞭解產業發展狀況

張渠偉對王超打出了親情牌，不僅邀請了王超，同時還請了王超的父親，一起協助他做勸說工作。張渠偉對王超說：「你當過兵，首先是一個血性男兒，而且還是一名共產黨員。脫貧攻堅，不僅是黨和政府的事情，也是每一個有責任感的中國人應有的責任擔當。渠縣是你的桑梓之地，你是喝渠江水長大的，你現在有這個能力，為啥不伸手為家鄉出一份力？」王超的父親也在一旁勸說：「是啊，說到底，渠縣是咱們的老家，咱們的根在渠縣。再者張局長也說了，讓你回去發展家鄉經濟，並不是要你做施捨，而是一種合作共贏，你又何樂而不為呢？」

這一次，王超雖然沒有明確表態，但看得出來，張渠偉與王超父親對王超說的那番話，每一句都直抵他的內心，都讓他很受觸動。所以當張渠偉三顧茅廬，第三次趕赴福建時，王超被張渠偉的真誠徹底打動，張渠偉剛一開口，王超就當即表示說：「張局長，你啥子都不用說了，我跟你回渠縣！」

王超返鄉後，一下子建起了四個種植基地，直接帶動四百多個貧困戶人均增收一千六百元以上。他還組織二十九名退役軍人，成立了退役軍人聯合黨支部，以黨建引領脫貧攻堅。這一創新做法得到了中央領導同志的肯定。這件事也啟發了渠縣縣委縣政府，渠縣縣委隨即擇優選派了一百八十六名退役軍人擔任第一書記，組建了扶貧鐵軍，這支扶貧鐵軍最終湧現出了全國人大代表黃小軍和全省優秀第一書記劉銳、廖洋等一大批先進典型。

榜樣的力量實在是無窮無盡。在王超的帶動之下，再加上渠縣築巢引鳳產業政策的優勢引領，目前，渠縣全縣已經有兩千多名在外的鄉友主動返鄉，發展種植、養殖和加工業，實現了貧困村產業全覆蓋，為貧困群眾帶去了脫貧的希望，有力助推了渠縣脫貧攻堅的進程。

解決了搬遷群眾生計的同時，集種植、採摘、休閒、旅遊為一體的生態農業的建設和發展，也讓渠縣煥發出勃勃生機，成為渠縣一張亮麗的名片。張渠偉的多項扶貧措施，不僅成為渠縣脫貧摘帽的加速

渠縣萬壽鎮靈感社區的柑橘產業

器，還被全國各地複製推廣。

截至二〇一八年，渠縣已經實現了一百三十個貧困村村村有產業。全縣五十七個貧困村成功實現摘帽，12.3萬人成功脫貧，易地扶貧搬遷35295人，全縣貧困發生率從12.1%降至1.72%。脫貧攻堅是一場大仗，也是一場硬仗，要想打贏打勝，首先要「兵馬未動，糧草先行」，要認真學習領會黨中央國務院下發的關於脫貧攻堅的一系列文件精神，尤其是習近平總書記的重要講話和理論文章，這是必備糧草，也是制勝法寶。其次就是要全面掌握瞭解全縣一百三十個貧困村的具體情況，只有這樣，才能夠真正做到知己知彼、百戰百勝。最後再根據本縣實際情況，制訂一項項具體脫貧攻堅目標任務，然後再進

行層層分解，層層落實。

　　然而，不算中央到省市各級政府下發的所有扶貧政策文件，僅全縣六十多個鄉鎮一百三十個貧困村的各種彙報材料，堆起來就比一個人還高，要把所有這些文件材料全部吸收消化掉，是一項特別艱巨繁重的任務，何況張渠偉白天大部分時間都用在深入扶貧第一線，每天還有那麼多的日常工作要做，不僅要處理各種各樣的現實問題，還要督促各鄉鎮落實各項扶貧工作，時間對他而言根本不夠用。

　　唯一的辦法，就是爭分奪秒，夜以繼日。從執掌渠縣扶貧和移民工作局帥印第一天開始，張渠偉每天的工作時間，平均都在十六小時以上，如果按照八小時工作制計算，他基本上等於一天上兩天的班，一天幹兩天的工作。

　　對此，張渠偉的司機蔣曉健最有發言權，他介紹說：「張局長幾乎每天都奔波在路上，從掛帥扶貧和移民工作局的第一天開始，他常年工作中普通的一天是這樣度過的，一大早，花費將近三小時趕到最遠的柏水鄉，解決貧困村三個主幹路被損毀的問題──第一時間趕到現場化解矛盾是張渠偉局長一貫的工作原則；下午一點到會龍村解決養豬場股權分紅問題；下午三點多，張局長已經趕到另一個村子，現場為群眾講解扶貧政策並解答疑難問題；晚上7：30趕回縣裡召開當天的扶貧工作會議，會議結束已經是晚上十點多鐘……」

　　有時候因為距縣城實在太遠，第二天還要趕赴其他村鎮，他們就乾脆在路邊支起帳篷，將就著在帳篷裡睡上一夜。

　　同樣的，在柏水鄉碾坪村幫扶期間，為了節省往返時間，加快實施碾坪村的基礎設施建設，張渠偉和司機蔣曉健，一連幾天都是睡在他們自帶的帳篷裡。

那一次，張渠偉連續發熱十來天，自己感覺實在支撐不下去了，這才打電話聯繫醫生，等他趕到醫院，也已經是晚上十點多鐘，醫生這邊剛給他打上吊針，他那邊已經睡著了。貧困戶口中的「帳篷局長」，妻子口中的「沙發局長」，就是這樣而得名的。

　　對於張渠偉這種近似於拼命的工作勁頭，妻子頗多怨言，最老生常談的一句話便是身體是革命的本錢，奈何對張渠偉卻起不了任何作用，久而久之，妻子就乾脆不理睬他，跟他打起了冷戰。

　　那個雨後初晴的週末，張渠偉突然對妻子做出了讓步：「咱們今天去鄉下走親戚咋樣？」妻子感覺很意外，這是太陽從西邊出來了？妻子將信將疑上了車，跟著張渠偉一起來到了他所稱的「親戚」家。一進門，妻子就被眼前所見的情景驚呆了，這家人的房子是石頭壘的，到處都是洞洞眼眼，是真正風來漏風，雨來漏雨。那一刻，三個穿著破舊不堪的孩子，正趴在破爛不堪的桌子上寫作業，他們的腳下遍地都是坑坑窪窪的雨後積水。

　　這是一個極度貧困的家庭，三個孩子的父親外出打工，母親名叫譚其輝，患有精神病，多年不言不語，家裡全靠七十多歲的奶奶一個人裡裡外外操勞。

　　這趟「親戚」走下來，對張渠偉妻子的觸動太大，從那以後，妻子也認下了這門親戚，只要有時間，她都會主動代替張渠偉去看望那三個孩子，給他們送去包括衣服之類的生活必需品，同時也給他們送去父母一般的關懷與愛護。

　　之後張渠偉又幫助譚其輝一家申請了易地搬遷，讓他們一家住進了新房。那天，十多年沒有開過一次口的譚其輝，見了張渠偉夫婦，竟然突然開口對他們說了一句：「謝謝！謝謝你們！」

　　從赴任扶貧和移民工作局第一天開始，一千六百多個日日夜夜的奔波操勞，長年超負荷的工作，使張渠偉患上了嚴重的耳石症和青光眼，尤其是眼睛，一見光就流淚，檢測結果表明，他的左眼視力降至0.04，右眼降至0.6。因為身體嚴重透支，他在工作過程中，經常感冒發熱，曾經好幾次出現重度眩暈，情況已經非常嚴重。

鑒於這種情況，醫生幾次要求張渠偉立即辦理住院手續，接受手術治療。張渠偉卻幾次懇求醫生根據他口述的症狀，幫忙給他多開點藥，然後一邊手拿眼藥水，一邊繼續戰鬥在脫貧攻堅戰的最前線。醫生對此不得不幾次向他發出警告：「再這樣拖下去，你真的會面臨失明的危險。」

家裡人也懇求他：「還是聽醫生的話，趕快住院接受手術治療吧。」

張渠偉卻總是笑著回答：「等全縣貧困村都摘了帽，我的任務都完成了，那時再去手術也不遲嘛。」

22. 張小娟：最美達瑪花

達瑪花又稱「高山杜鵑」，它開在高山之上，美麗但不嬌豔，在甘南藏族自治州等地被賦予了一種精神象徵而倍受稱道。

二〇一九年十月七日，年僅三十四歲因公犧牲、被中共中央追授為「全國優秀共產黨員」、「全國脫貧攻堅模範」的張小娟，就是這樣一朵達瑪花。

她是甘肅舟曲人，一九八五年四月出生在甘肅省甘南藏族自治州舟曲縣曲瓦鄉城馬村一個普通藏族家庭。她的父母親都是普普通通的農民，但他們養育的兒女卻個個優秀，尤其是張小娟，二〇〇三年參加高考，以舟曲縣文科狀元的優異成績，考入了中央民族大學歷史學與旅遊管理雙學位專業，成為著名學者蒙曼老師的學生。

蒙曼老師對張小娟記憶最深刻的，還是她帶隊赴湘西鳳凰縣開展田野調查的時候，她發現課堂上很沉靜的張小娟，突然變換了一個角色，像歡快奔放的鳥兒一樣，對什麼都充滿好奇和嚮往，而且她的動手能力還特別強，回京前的那個傍晚，她們師生走進當地古城的一家蠟染店鋪，各自買了一塊印花布，大家從店主給的各式紋樣裡選來選去選了半天，終究也不知道究竟畫什麼是好，張小娟卻扔掉紋樣，揮起筆，幾勾幾畫，一個類似漢代侍女一般的人物，就被她勾勒了出來。所以，蒙曼老師印象當中的張小娟，是一個「愛美，所以希望全世界都美」的女孩。

二〇〇七年，張小娟大學畢業不久，入職北京一家五星級酒店，並很快以高級管理人才資格落戶北京，可謂前程似錦，春風得意。

城馬村的兄弟姊妹們，提起張小娟，沒有一個不羨慕。可是誰也沒有想到，二〇〇八年汶川大地震之後，張小娟卻提出要回家鄉，姐

姐張小慧，弟弟張建平甚至包括張小娟的父母親，都希望她能夠慎重考慮，姐姐張小慧更是苦口婆心：「你可千萬別頭腦發熱啊，北京跟舟曲相比，那是幾何級的差距啊。」

「姐姐你別忘了，我大學的學費來自國家西部開發助學工程的資助，我不能不懂得感恩，不能不做出我應有的回報。」

「傻妹妹，你姐姐，你弟弟——我們讀書都得到過社會的幫助，我不是不知道羊羔跪乳，也不是反對你回報家鄉。但你應該明白一個道理，回報的方式方法多種多樣。你說你現在回來幹什麼，你又能幹什麼？你在北京發展好了，將來有能力了，不比你赤手空拳回來，更能回報社會，回報家鄉？」

任憑親人如何勸說，張小娟還是選擇回到了家鄉。

回到家鄉不久，組織上就安排張小娟到立節鄉當了一名鄉鎮幹部。

二〇一〇年，張小娟參加全省八〇後優秀年輕幹部選拔考試，取得了全縣第一的成績，隨即被選拔納入甘肅省優秀八〇後年輕幹部後備庫。

二〇一〇年八月八日，舟曲發生「88」特大山洪泥石流災害，張小娟的家裡受了災，但她的父親張生財卻帶著張小娟的弟弟張建平，冒著生命危險從江水裡搶救了十三條生命，張家父子因此而被授予「甘肅省搶險救災見義勇為先進分子」榮譽稱號。而就在父親和弟弟救人的同時，張小娟也不顧個人安危，主動加入搶險救災志願者隊伍，全力投身縣城的搶險救災當中。也就是在這次重大災害面前，張小娟所表現出來的堅毅剛強與無畏無懼，讓她火線入了黨，真正成了一名共產主義的先鋒戰士。

之後不久，張小娟被調任曲瓦鄉副鄉長、紀委書記。到曲瓦鄉任職，張小娟等於真正回到了自己的桑梓之地。早在張小娟讀大學的二〇〇六年暑假，她就已經開始用文字記錄她的鄉愁了。她在《寂寞城馬》中曾經這樣寫道：

「城馬這類隱在山裡的小村子，一直寂寞著，不是因為沒有高樓、濱河路和廣場，而是因為沒有人，特別是沒有一批富有活力的年輕人。」

「年輕人都去見世面了，村子誰來發展？」

這是張小娟的鄉愁，也是她放棄北京優厚的工資待遇、優裕的生活條件和優越的發展環境，主動回到家鄉的初衷。

現在，張小娟帶著這樣的鄉愁回來了。她找到城馬村黨支部書記張俊師，共同商討和謀劃村子的發展規劃。

「城馬倒也不是完全沒有前途，高山上有蕨菜，花椒樹在這裡長得不錯，城馬不缺水，適宜各類果樹生長，尤其是核桃。只是這些東西需要人去經營去管理，需要耐心地等待它們成長。」

這是張小娟在《寂寞城馬》中寫過的話，也是她與城馬村黨支部書記張俊師的共識。

沒有人，村子依然寂寞。要怎麼樣才可以讓青年們回來？可以讓寂寞的城馬活起來、喧騰起來？這是張小娟與城馬村黨支部書記張俊師需要共同面對和思考的問題。

他們思考的最終結論是盡他們的努力，想辦法發掘一切可以發掘的資源，為年輕人鋪好路，創造好條件，這是唯一可行的途徑。果然，二〇一七年，村裡一個叫王磊的九〇後，以張小娟為學習楷模，華中師範大學音樂系畢業之後，放棄留在大城市的機會，回到村裡來創業了。

王磊說：「還在我很小的時候，小娟姐姐就給我留下了很深刻的印象。她不僅人長得漂亮，學習也特別刻苦用功，當年她以全縣第一名的成績考上中央民族大學，後來又放棄北京優異的工作回到家鄉，為鄉親們脫貧致富傾注了她的全部心血和汗水，她始終都是我心中崇拜的偶像，是我學習的好榜樣。」

王磊回村的第二年，就利用父親爲他留下的三百畝核桃種植基地，養殖中華蜂、土雞、土豬、梅花鹿，種植花椒樹和核桃樹，並成功帶動村裡三十七戶貧困戶一起加入他創辦的合作社。其間，王磊共計種植羊肚菌五十畝，養殖中華蜂一百箱，散養土雞五萬隻，年孵化土雞雞苗十二萬羽。之後在王磊的帶動之下，城馬村的村集體經濟也得到迅猛發展，共建設了九座高標準蔬菜大棚，試種的黑木耳、羊肚菌都獲得成功，村裡還培育起了十一個專業合作社，二○二○年全村居民人均純收入達到了八千四百元，村容村貌更是發生了翻天覆地的變化。

村集體經濟壯大了，個人的收入越來越多了，村裡的煙火氣越來越重了，村裡的日子越來越有奔頭了，回村的年輕人慢慢多起來了……

城馬從此不再寂寞了。

提起張小娟，舟曲縣博峪鎮臥歐諾村黨支部書記薛代花幾度哽咽：「在我們博峪藏鄉，人們普遍認爲，心地善良的人去逝後，都會化身爲達瑪花，綻放在最純潔的高山上，從此守望著周圍的百姓。我相信小娟就是我們心目中最美的那一朵達瑪花，她將永遠盛開在我們身邊，永遠守護著讓她牽掛的一切。」

薛代花與張小娟最初相識是在甘南州主辦的農村互助社培訓班上，之後薛代花又成爲張小娟的工作對象。當張小娟瞭解到他們村有很多家庭都以養蜂爲業的時候，她立刻建議薛代花在他們村成立一個養蜂合作社：「國家現在有很多產業扶持政策，如果你能把養蜂做成產業，就能帶動村民致富。」

在張小娟的幫助下，臥歐諾村成立了養蜂合作社，但最初的規模很小，只有十六戶村民參加。薛代花有點洩氣，還有點恨鐵不成鋼。這時候，張小娟對薛代花露出了笑臉，她笑得像達瑪花一樣燦爛。她對薛代花說：「這種事情急不得，要有一個過程，關鍵是要把它做好。」

薛代花說，她們每次見面，張小娟都叫她代花姐，可是在實際工

作中，她們的姊妹關係就立刻顛倒了過來，尤其是在遇到困難的時候，張小娟對她說的每一句話，都能讓她感到像吃了一顆定心丸一樣踏實。

一個問題解決了，新的問題又出現了。薛代花說，她們後來銷售散裝蜂蜜時，因為被其他商販冒充，客戶又真假難辨，她們好不容易建立起來的信譽受到了損害。這時候她又去找張小娟，張小娟笑得還是像達瑪花一樣燦爛，她說：「讓客戶接受你們的蜂蜜，到最後喜歡你們的蜂蜜，這也要有一個過程。不過最關鍵的，還是要打造你們自己的蜂蜜品牌，想讓外界真正接受你們博峪的蜂蜜，首先要註冊商標，還要在產品的包裝設計上做足文章，這跟人起名字、穿衣服一樣，品牌有了、包裝設計好了，顧客才會更願意接受你們的產品。」

張小娟說得一五一十，薛代花聽得像小雞啄米，可具體怎麼做，卻無從知曉。張小娟於是又幫忙對接了好幾家信譽度很好的設計公司，一項一項具體落實。在她的幫助下，臥歐諾村的蜂蜜終於有了自己的品牌，有了自己的設計包裝，也得到了舟曲縣委縣政府的大力扶持。

一分付出，一分收穫。

如今臥歐諾村不僅培育了享譽全省的品牌甜蜜黨建，該村成立的就業扶貧車間也已步入正軌，並輻射帶動了一百七十一戶貧困戶、一百三十九戶一般農戶和十八個村集體經濟齊頭並進，累計為村集體經濟、貧困戶和農戶分紅四百多萬元。

二〇一六年一月，由於張小娟群眾基礎紮實，工作實績突出，她被組織安排調入舟曲縣扶貧開發辦，擔任辦公室副主任一職，主要負責全縣建檔立卡管理、國家扶貧子系統和全省大數據系統管理、扶貧資金管理等多項重點工作。

張小娟的工作性質變了，身上擔的擔子也變得更重了。

她不僅夜以繼日地加班加點工作，努力刻苦鑽研扶貧政策和業務知識，被譽為舟曲扶貧的「活字典」和「移動數據庫」，同時還勇挑組織交給的重擔，傾注自己全部的時間和精力，跋山涉水、走村入

張小娟（右二）下鄉瞭解情況

戶，摸情況、提建議、解難題、抓落實，用漫畫圖解等通俗易懂的形式，讓貧困戶瞭解黨的惠民政策，用自己的努力和付出推動各項扶貧舉措在鄉村落地見效，成為全縣扶貧排頭兵、攻堅急先鋒。

　　舟曲縣曲告納鎮瓜歐村是張小娟生前的扶貧幫扶村。該村地處大山深處，是個偏遠山村，海拔一千一百至三千五百米，屬純藏族村，村子不大，九十一戶人家，其中貧困戶三十四戶一百七十六人。為了全面完成該村的扶貧幫扶任務，張小娟前前後後跑了上百次，把村子的底全部摸清之後，她就召集村兩委班子成員共謀發展之策。該村出產的金絲皇菊備受市場青睞，她就號召大家充分利用這個優勢，通過著力打造金絲皇菊品牌，來實現「黨支部＋合作社＋農戶」的發展戰略，推動瓜歐村產業示範園的發展；村子四面環山、風景優美，她就上下奔波，多方籌措旅遊專案開發資金，同樣以「黨支部＋合作社＋農戶」的發展戰略，來開發「以瓜歐景區、經濟林果採摘與觀光園為一體的民俗文化旅遊」產業。到二〇一九年年底，該村如期脫貧，摘

舟曲境內的油菜花在競相盛開

掉了貧困村的帽子。

　　村民余雙吉是張小娟生前的幫扶戶，余雙吉沒有一技之長，每年外出打工，累死累活也只能掙個萬把兩萬塊錢，家裡的日子過得本來就緊巴，再加上還要供兩個孩子上學讀書，真正是壓力巨大。為了改變他家的這種困難局面，張小娟通過協調努力，讓余雙吉參加了一個挖掘機的技能培訓，讓他掌握了一門實用技術。張小娟之後又鼓勵余雙吉把家裡的土地入股到村裡的專業合作社，享受年底的分紅。這樣一來，余雙吉家的日子也就漸漸好了起來。

　　舟曲是國家重點扶貧開發縣，貧困發生率高，資源薄弱，是脫貧攻堅的難中之難，堅中之堅。作為縣扶貧辦的一名扶貧幹部，張小娟每天的工作都安排得密密麻麻，忙得不可開交。

　　母親對此很不理解，她本來血壓就高，再加上患有心臟疾病，每

年都要住院治療，做女兒的不經常侍奉左右，不來端水遞藥，不來噓寒問暖，這也就罷了。她做母親的，反過來經常打個電話，問問女兒「在哪兒呢」、「吃了嗎」，這不是可憐天下父母心嗎？她倒好，非但一點不領情，一句知冷知熱的話沒有，卻張嘴就是埋怨，埋怨一個做母親的，不該打擾她的工作。

但是張小娟的丈夫劉忠明卻非常理解和支持她。

二〇一〇年「88」舟曲特大山洪泥石流災害發生之後，作為縣疾控中心的醫生劉忠明，與作為鄉鎮幹部的張小娟，都主動成為救災志願者，他們是在那場艱苦而又危險的救災工作中，才真正相識相知，逐漸走到一起，最終共同步入幸福婚姻的殿堂的。

他們是一對恩愛夫妻，但他們卻因為各自都肩挑重擔而聚少離多。他們一個是白衣天使，一個是扶貧幹部。為了信仰與使命，他們甘於奉獻；為了職責與擔當，他們無怨無悔。作為一名扶貧幹部，張小娟為了摸清舟曲縣十九個鄉鎮的基本情況，為了解決各個貧困村尤其是她的幫扶村的實際問題，她每年有三分之二的時間都在全縣八十七個貧困村中來回奔走。

二〇一九年十月七日晚，張小娟結束了脫貧成果驗收工作，與舟曲縣融媒體的四位記者一同乘車返回縣城的途中，不幸遭遇車禍，張小娟年僅三十四歲的年輕生命，就這樣永遠定格在了她扶貧工作的路上。

NOTE

NOTE

NOTE

NOTE

國家圖書館出版品預行編目資料

好日子是怎麼來的 / 謝衛編著. -- 1版. -- 新北市：華夏出版有限

公司, 2021.12

　　面；　　公分. - -（Sunny文庫；194）

ISBN 978-986-0799-61-3（平裝）

1.貧窮　2.中國大陸研究　3.人物志

548.16　　　　　　　　　　　　　　　　　110017506

Sunny 文庫　194

好日子是怎麼來的

顧　　問　袁文先

主　　編　趙皖平

編　　著　謝　衛

印　　刷　百通科技股份有限公司

　　　　　電話：02-86926066　傳眞：02-86926016

出　　版　華夏出版有限公司

　　　　　220 新北市板橋區縣民大道 3 段 93 巷 30 弄 25 號 1 樓

　　　　　電話：02-32343788　傳眞：02-22234544

E - m a i l　pftwsdom@ms7.hinet.net

總 經 銷　貿騰發賣股份有限公司

　　　　　新北市 235 中和區立德街 136 號 6 樓

　　　　　電話：02-82275988　傳眞：02-82275989

　　　　　網址：www.namode.com

版　　次　2021 年 12 月 1 版

特　　價　新台幣 600 元　　（缺頁或破損的書，請寄回更換）